吉林工程技术师范学院学术著作出版专项资助出版
吉林省教育厅社会科学研究项目（JJKH20251181SK）
吉林工程技术师范学院博士科研启动经费项目（BSSK202403）

数字时代职业教育"双师型"教师发展研究与实践

赵晶媛　车　驰　田建华　著

中国纺织出版社有限公司

内 容 提 要

本书阐述了在数字化时代背景下，职业教育中"双师型"教师的角色、发展路径以及面临的挑战。本书以职业教育的本质特征为切入点，围绕数字时代赋予"双师型"教师的独特内涵，详细阐述了"双师型"教师在职业教育中的作用，并从跨界教育的视角出发，分析在跨界视域下数字化技术的兴起对教育内容与方法的影响、行业与学科之间的交互作用；基于国际视角梳理总结不同国家的数字化职业教育的策略及实践案例，了解不同国家职业教育与数字技术融合的基本情况，总结不同国家职业教育数字化教育模式的成功案例，有效弥补"双师型"教师对于数字技术运用缺失的问题，明确了跨界思考和数字技术工具在促进"双师型"教师专业化发展中的重要作用。

本书可作为高校教师的培训教材使用，也可供广大教育从业者参考。

图书在版编目（CIP）数据

数字时代职业教育"双师型"教师发展研究与实践 / 赵晶媛，车驰，田建华著. -- 北京：中国纺织出版社有限公司，2025.3. -- ISBN 978-7-5229-2575-2

Ⅰ. G715

中国国家版本馆CIP数据核字第2025AL3078号

责任编辑：苗 苗　　责任校对：高 涵　　责任印制：王艳丽

中国纺织出版社有限公司出版发行
地址：北京市朝阳区百子湾东里A407号楼　邮政编码：100124
销售电话：010—67004422　传真：010—87155801
http://www.c-textilep.com
中国纺织出版社天猫旗舰店
官方微博 http://weibo.com/2119887771
三河市宏盛印务有限公司印刷　各地新华书店经销
2025年3月第1版第1次印刷
开本：787×1092　1/16　印张：10
字数：200千字　定价：88.00元

凡购本书，如有缺页、倒页、脱页，由本社图书营销中心调换

前言

"双师型"教师这个独特的称呼，使职业教育教师在职业教育中的地位变得十分突出。伴随国家大力发展职业教育的方针，"园丁之家"培养出了一批"双师型"教师。在现代职业教育制度的推动下，"双师型"教师的社会认同与主体意识将会得到提升，进而形成一支具有鲜明个性与骨干力量的职业教育师资队伍，承担起深化职业教育教学改革的光荣任务。

随着数字技术的飞速发展，全球经济和社会结构正在经历深刻变革，职业教育也进入了转型升级的关键阶段。人工智能、大数据、物联网等新兴技术的普及不仅改变了产业生产的模式，也重新定义了职业教育对人才培养的要求。在此背景下，"双师型"教师作为职业教育的重要支撑力量，承载着培养高素质技术人才的重要使命。"双师型"教师不仅需要具备扎实的理论知识，更要拥有丰富的实践经验，能够在教学过程中将理论与实践紧密结合，以满足新兴产业和社会发展的需求。因此，研究和探讨数字时代职业教育"双师型"教师的发展路径，已成为推动职业教育高质量发展的核心议题。

当前，数字化的全面渗透使职业教育的教学环境和人才需求发生了深刻变化，也对"双师型"教师提出了新的能力要求。一方面，职业教育在向数字化、智能化方向发展的过程中，对教师的信息技术能力和数字化教学能力提出了更高的要求；另一方面，产业技术的迅猛更新迭代需要教师不断学习前沿技术，保持自身的实践技能与产业同步。此外，数字化工具和资源的广泛应用，如虚拟仿真技术、智能教学平台和在线课程系统，为"双师型"教师提供了更多教学创新的可能性，但同时也要求他们能够在数字环境中灵活运用这些工具，提高教学的针对性和实效性。因此，"双师型"教师的能力结构在数字时代需要从单一化向综合化转变，从传统模式向创新模式升级。

本书旨在回答数字时代职业教育"双师型"教师如何适应技术变革、实现能力升级和促进教学创新等核心问题。通过理论框架的构建和实践策略的设计，为职业教育领域提供系统性解决方案，推动教师队伍建设与职业教育整体质量的提升。同时，也希望本书能够为教育管理部门、职业院校和行业企业在教师发展政策、培养机制以及合作模式的优化过程中，提供理论依据与实践启示，共同促进职业教育在数字时代实现全面、协调、可持续发展。

赵晶媛
2025 年 1 月 16 日

目录

第一章 "双师型"教师研究的跨界视域与数字化影响　001
　　第一节　跨界职业教育的本质特征　001
　　第二节　跨界教育的跨界思维　007
　　第三节　"双师型"教师是培养跨界思维的必然选择　016
　　第四节　数字化技术的兴起与教育的融合　024

第二章 "双师型"教师的内涵研究与数字环境的融合　034
　　第一节　"双师型"教师内涵本质的研究——跨界的结构　034
　　第二节　"双师型"教师概念的发展与数字技术的影响　039
　　第三节　"双师型"教师内涵的界定与数字工具的应用　043
　　第四节　"双师型"教师现实问题的研究——数字技术的缺失与需求　047
　　第五节　职业教育教师队伍建设的现状与数字技能的整合　052
　　第六节　职业教育教师队伍建设的困境与数字化解决方案　057

第三章 国际视角下的"双师型"教师与数字化教育　063
　　第一节　国际比较——不同国家的数字化职业教育策略　063
　　第二节　各国职业教育与数字技术融合情况　069
　　第三节　国际案例研究——成功的数字化"双师型"教育模式　082
　　第四节　案例分析与学习要点　087

第四章 "双师型"教师的数字化与专业化发展　093
　　第一节　数字技能与教师专业化的关系　093
　　第二节　"双师型"教师需要掌握的数字化技能　099
　　第三节　教师专业化在数字时代的新要求　102
　　第四节　教育技术在职业教育中的应用　106

第五节　创新教育工具与方法　　110
　　第六节　数字技术在教学设计与实施中的作用　　115

第五章　适应数字时代的职业教育教师发展路径　　121

　　第一节　教学策略与数字工具的融合　　121
　　第二节　职业教育教师培训与发展模式　　127
　　第三节　培训方案的创新与数字技术整合　　134
　　第四节　持续教育技术与在线学习资源的利用　　137
　　第五节　政策建议与改革方向　　141
　　第六节　鼓励数字化教学的政策环境　　144
　　第七节　促进技术与教育的持续融合　　146

结语　　151

参考文献　　152

第一章
"双师型"教师研究的跨界视域与数字化影响

第一节 跨界职业教育的本质特征

职业教育是面向社会基层、面向生产、面向服务和管理第一线，为社会培养实用型人才的教育。职业教育既具有与普通教育相一致的属性，即教育属性，又具有区别于普通教育的特殊属性，最基本的特征体现在跨界。职业教育跨越了企业与学校、工作与学习，也跨越了职业与教育的疆域。职业教育作为一种"跨界"的教育，跨越不同领域或行业——不能只遵从教育规律、认知规律，更加要遵循职业发展、职业成长的规律。

在当前的职业教育改革与发展中，职业院校新生缺乏职业启蒙和劳动教育基础，行业企业参与度不够。在数字技术应用逐渐深入的新的历史条件下，深入认识黄炎培职业教育思想的本质特征，对于构建产教融合、育训结合、普职融通、多级贯通的中国特色现代职教体系具有重要意义。

黄炎培先生认为，职业教育的本质属性是社会性和跨界性。在教育主体、培养目标、培养方式和培养对象等方面，职业教育都具有与普通教育不同的类型特征，体现出与社会诸方面的广泛联系。20 世纪 20 年代中后期，黄炎培先生提出了"大职业教育主义"理论，这是国内对于职业教育跨界性最早、最深入、最全面的论述。

跨界教育，作为一种新兴的教育形态，其核心概念在于"跨界"。在教育领域，"跨界"意味着跨越传统教育领域的界限，通过整合不同领域的教育资源，实现教育方式的创新和教育质量的提升。在职业教育领域，跨界教育尤为突出，它突破了传统职业教育的学科限制和学校围墙，将学校教育、企业实践、社会服务等紧密结合，旨在培养具备跨学科知识、创新能力与实践技能的高素质人才。

跨界职业教育的一个重要特点是它的开放性与融合性，即积极吸纳不同领域的教育资源，打破传统教育的封闭性；强调跨学科领域的知识与技能的融会贯通，以适应现代社会的多元化需求，这是它的核心特征之一。

跨界职业教育的本质特征在于其能够整合不同领域的资源优势，更高效地做到理论与实践相结合，为学习者提供更为丰富、多元的学习体验。这一特征在成功人士的成长轨迹中得到了充分体现。许多人之所以可以取得卓越的成就，往往是因为他们善于跨界和整合各种资源，将自身理论与实践相结合，转化为个人发展的动力。以科技行业的成功人士为例，他们往往不仅擅长自己的专业技能，还同时涉猎了许多其他领域的知识和技能。通过跨界，他们能够将自己所掌握的不同领域的知识进行融合创新，从而开发出更有创新力的产品或服务，提升个人综合素质的同时，也为企业的发展注入了新的活力。

学校与企业，为了给学生提供更好的学习环境和更多的实践机会，应协同合作，共同进行跨界课程与实践项目的开设，给学生创造更多的机会去接触不同领域的知识与技能。师生都可以在不同的平台上深入地参与到不同领域的课程与实践项目中去，实现知识与技能的双向拓展，从而激发学生的创新思维，使其综合能力得到更大的提高。这种跨界资源整合的方式，能够为学习者的未来职业发展打下坚实的基础，对其今后的发展起到很大的促进作用。因此，在跨界职业教育中，学校与企业能够通力合作，以共同促进的方式为学生创造更多的机会去获得全面的发展。

传统职业教育的重点多数放在了对技能的培养上，而跨界职业教育则是注重技能与知识的相知相融，让学生在学习如何掌握技能的同时也能做到知识的积累与运用。这种技能与知识的融合，让学习者在掌握实践操作技能的同时，也具备了对复杂问题的分析和解决能力。学校和企业的协同教育，重点应放在理论与实践的结合上，将项目实训、案例分析等内容加入课堂中，让学生在实践操作中掌握知识，运用知识。同时也应该加强对学习者的跨学科知识培养，帮助学生快速有效地建立起完整的知识体系，并带入日常生活当中，有利于提高学生的综合素质和解决问题的能力。

跨界职业教育的一个重要特点是其对学生创新能力的培养起着举足轻重的作用。跨界职业教育在为学员提供跨学科的学习环境和多样化的学习资源的同时，也能有效激发学生的创造性思维和创新意识，使他们在竞争激烈的就业市场上占得先机。很多具有较强创新能力的人才能在激烈的市场竞争中游刃有余，善于从不同的角度思考问题、发现问题并以独特的方式加以解决。而这一切又与跨界职业教育在为学员营造创新氛围和建立培养机制上所做的工作密不可分。总之，在跨界职业教育的学生培养过程中，既要重视学生创新意识的开拓性训练，又要让学生在实际的学习过程中得到全方位的锻炼与提高。

为了培养学生的创新能力，跨界职业教育应该将重点放在以下几个方面：鼓励学生进行跨学科学习和交流，拓宽视野和思路；提供丰富的实践机会和项目挑战，让学生在实践中锻炼创新思维；加强创新教育师资力量建设，培养一支具有创新意识和能力的教师队伍。

实践应用导向也是跨界职业教育的本质特征之一。通过实践应用导向的教学模式，在跨界职业教育中的学生，用同样一节课的时间，可以学会普通模式下的学生两节甚至三节课的内容，从而更好地适应社会和企业的需求。

成功人士的经验表明，不断地将学到的理论知识运用到实际操作中去是取得成功的关键之一，通过不断地实践和摸索，把理论和实际结合起来，不断完善自己的能力和技能体系，并在实际工作中取得显著的成果；通过不断地实践和摸索，在理论和实践的结合中不断成长。

跨界职业教育以实践应用为导向，体现在课程设置的多个方面，如授课方式上。学校和企业可以加强合作，共同设计符合实际需要的课程项目，采用案例分析法进行授课。同时，对学员进行实操训练，提高学员的实际运用能力。另外，在评价体系上要着重考核学员的实际运用成果，以促使其学以致用。对学员进行综合考核，以激励他们在实际工作中运用所学知识技能。通过上述努力，学员在实际操作中，更好地将所学理论知识运用到实际工作中。

其最本质特征是以职业需求为导向，以培养复合型人才为目标，注重职业技能的实战性和综合运用能力。跨界职业教育的课程体系、教学方式和师资队伍均具有跨界性，以适应职业岗位的跨界需求。通过跨界职业教育，学生可以获得跨界思维和跨界技能，提升其职业竞争力和职业发展空间。因此，跨界职业教育应具备以下特征：

跨界性：职业教育涉及教育与产业、学校与企业、学习与工作等不同领域，具有鲜明的跨界性。在办学资源方面，它跨越了教育与产业；在办学主体方面，跨越了企业与学校；在培养方式方面，跨越了工作与学习，体现出跨界协同的特点。这种跨界性要求职业教育在发展过程中必须进行跨界思考，加强学校教育与企业培训一体化顶层设计，以形成"合作办学求发展，协同育人促就业"的良性互动机制。

融合性：职业教育是经济社会发展的产物，不同经济社会孕育不同的职业教育。因此，职业教育需要与政治、文化、经济、社会等多方面融合。这种融合性不仅体现在职业教育与外部环境的互动中，也体现在其内部的教学理念和实践中。例如，职业教育应贯彻"做中学、做中教"的思想，将理论知识与实践技能相结合，培养出既具备专业知识又具备实际操作能力的人才。

双重性：在教育教学中，跨界职业教育需要体现"双重"特征或身份。这意味着在实践教学中，学校与企业、教师与师傅、学生与学徒、课堂与车间、教学与生产、工作与学习、作业与产品等要素应实现有机融合。这种双重性有助于确保职业教育的教学内容与实际工作需求紧密对接，提高职业教育的针对性和实效性。

灵活性：为了应对日新月异的行业需求和市场变化，跨界职业教育必须具有高度的灵活性和适应性，对专业设置进行相应调整，更新教学内容，提高教学方式；另外也要考虑学习者的个性化需求和自身发展潜力，在提供多样化学习路径和选择的同时，有针对性地加以培养。

一、跨界教育的定义与重要性

跨界教育（Crossover Education）是指在教育过程中，学生不只是接受单一学科或领域的知识和技能训练，而是以培养具有跨界思维、综合应用和解决复杂问题能力为目标，通过跨学科、跨领域、跨文化等，将多学科、多领域的知识、技能和经验融合，以培养学生全面发展的能力和灵活适应未来社会需求的能力为目标，超越传统学科划分的限制，强调多学科融合、跨文化交流和综合素养培养。

跨界职业教育是指在不同的职业领域之间，以跳跃式的方式进行知识、技能、经验等方面的学习与沟通的一种教育形式。其实质特征有：

跨领域性：为了增强跨界职业教育中不同领域间的相互联系和整合力度，在教学内容上强调跨领域的知识传授与技能训练，在教学方法上提倡跨领域的互动合作与融会贯通。

整合性：跨界职业教育不但是单一领域知识和技能的传授，而且是多个领域内容的融会贯通，形成比较全面系统的学习制度，使学生对所学知识有更好的运用能力。

实践性：为了使学生在实践中得到锻炼，跨界职业教育在培养学生实际动手操作能力的同时，也重视案例分析的学习和运用，使学生在跨领域的工作环境中能够灵活运用所学的知识和技能解决问题。学生还可以通过实际项目和情景模拟等途径进行锻炼。这样，学生在增强动手操作能力的同时，也增强了分析问题、解决问题的能力。

开放性：为了培养跨领域思维与创新意识，跨界职业教育在学科与专业的界限上下了很大的功夫——给学生更广阔的视野和个人的学习空间，体现了对学生学习领域的拓宽对学科交叉的重视。

适应性：为了使学生适应日新月异的经济社会环境的变化和变革趋势，跨行业职业教育培养学生具备应变能力，能够适应多样化的职业发展需求。

数字化支持：在高速发展的数字化时代中，跨领域的职业教育在信息技术手段的辅助下对拓展和学习资源的丰富程度有显著的改善作用。这些技术手段如在线课程提供虚拟实验室远程合作等，使学生的学习变得更为便捷，也更有成效。

解决现实挑战：教育学生综合能力和跨领域思维，使之能够对生活中的挑战和社会发展过程中出现的问题进行更好的应对与解决。涉及领域包括但不限于环境保护、社会公正、经济发展等。跨界教育提供更为全面与系统的思路与解决办法来应对这些纷繁复杂的挑战与课题，培养学生跨领域思考能力。

促进国际交流与合作：全球化时代，跨文化合作交流已成为跨界教育的应有之义，是培养国际化人才的有效途径之一。与国际学校、机构或组织合作，学生有机会接触到不同文化背景下的知识和经验，开阔国际视野。

适应未来职业发展需求：职业市场对人才提出了更加多样化、综合化的需求；跨界教育提供多元技能与知识的培养方式更能满足未来职业发展需求。

促进跨学科研究与创新：教育中的交叉融合有利于激发跨学科研究和创新思维的出现。通过跨界，不同学科的知识与方法相互交融，促进科技进步与社会发展。

提升个人成长与终身学习：跨界教育强调学生的个人成长和终身学习，培养他们具备主动学习和持续学习的意识和能力，使其能够不断适应社会变化和个人发展需求。

二、行业与学科间的交互作用

对于知识的创新、技术的发展、社会的进步，行业与学科之间的互动是一种相互促进、相互渗透的关系。

知识共享与转移：产业和学科的互动，推动知识的分享和转移。行业实践中的经验和问题反馈能够推动相关学科的研究和理论的发展，而学科研究的成果也能够提供新的理念和解决方案，给行业提供新的思路和途径。

技术创新与应用：学科领域的技术创新和应用受到行业需求的推动。学科领域的理论研究和技术探索为行业提供新的技术支持和应用方案，同时促进学科领域的技术创新和发展，应对行业实践中的需求和挑战。

人才培养与就业需求：产业对跨界人才的需求，对学科领域人才培养方向产生了影响。学科教育与产业需求相结合，促使培养出与市场需求相适应的跨界人才，使毕业生的就业竞争力得到提升，从而促进了人才培养与就业需求的相互衔接。

跨界合作与项目开发：产业与学科的交互促进了跨界合作的开展与项目开发。学科专家与行业从业者通力合作开展研究或实践项目，共同解决现实难题，有力地推动了跨界合作与创新的发展。

政策制定与产业发展：学科研究成果与专业知识，为政府及行业组织制定有关政策提供重要参考依据，从而促进产业的良性发展和创新转型，使产业健康有序地发展。

市场驱动与学科发展：相关学科的发展方向和研究重点都是行业对市场的需求所驱动的。学科领域也将随着技术和市场的变化，为适应行业发展需求不断地调整教育内容和研究方向。

产业生态与学科生态互动：相关学科的生态系统会受到行业发展持续演变的影响，反之亦然。比如新兴行业的兴起，可能会引发相关行业的崛起与发展，而相关行业的创新与发展也会因学科领域的进步而得到推动。

跨界创新与综合解决方案：行业与学科的互动，推动了跨界创新的产生，推动了全面的解决方案。将不同领域的专业知识和技术融合在一起，通过跨学科、跨行业的合作与交流，提出更新颖、更全面的解决方案。

社会影响与可持续发展：产业和学科的互动，对社会可持续发展产生了影响。行业的发展方向和技术应用将深刻影响社会，为社会可持续发展提供支持和保障的还有学科的研究成果和人才培养。

全球化与跨文化交流：行业和学科的互动推动了全球化，促进了跨文化的沟通。在全球一体化的背景下，行业与学科互动促进全球资源共享和优势互补，促进全球经济文化交流。

通过知识转化、技术创新、人才培养、政策支持、资源共享等促进知识与实践的融合，促进社会的发展与进步，行业与学科之间的互动是一种紧密联系的关系。

三、跨界教育在全球范围内的实践案例

案例一：美国的某所高中，为了使学生对自然界有一个深入的理解而开设了一门名为"艺术与科学"的课程。"艺术与科学课从艺术和科学两个方面入手，让学生从不同角度去欣赏自然的美妙之处。"同学们在学习艺术技巧之外，还将接触到生物知识与物理和化学等方面的知识，并进行实验与创作活动，对自然规律有深入的认识并将其运用到艺术当中去。

案例二：医学与工程的交叉合作，促使医疗器械公司开发新型医疗设备时，医生与工程师发挥各自的特长进行合作设计。医生为工程人员介绍临床经验与医学知识，帮助他们设计出对医疗有促进作用的产品；而工程人员运用自己的技术专长将医生的创意转化为实际可行的东西。这样一种跨界合作既促进了医学科技的革新，又使医生与工程师的专业技能得到了提高。

案例三：在一个国际学术会议上，来自各国不同学科背景的学者聚集在一起，就全球性挑战及其解决办法进行研讨。为促进不同领域间的跨文化交流与合作，他们分享了自己的最新研究成果，并开展了跨学科的合作项目。这种国际性的跨界交流，既促进了学术研究的进步，又增进了各国间的友谊与合作，在促进人类文明进步与繁荣方面发挥了重要作用。跨文化交流与合作是指不同国家或同一国家的不同时期、不同文化背景的学者或专家在共同开展学习与交流中相互了解、取长补短的过程。

通过这些案例可以看出，跨界教育不仅可以促进知识的交流与融合，而且可以激发人们的创新思维和解决问题的能力。人们可以通过跨界合作来共同面对各种各样的挑战，从而创造出更加美好的明天。

第二节
跨界教育的跨界思维

一、跨界思维的概念框架

教育领域正经历着前所未有的变革，随着全球化的推进与科技的日新月异，人们对传统教育的认知正在逐步改变。此处旨在探讨跨界教育的跨界思维，分析跨界教育的概念、特点、实践案例、面临的问题和挑战，以及跨界教育中跨界思维的重要性，并对跨界教育的未来发展趋势和策略进行展望。

跨界思维（Crossover Thinking）是指超越传统学科、领域或文化范畴的思维方式与方法，将知识、观念、方法在不同学科、行业或文化之间相互结合，从而创造新的思想、解决问题或达成目标的思维过程。跨界思维被认为是当今复杂多变的社会环境下，应对各种挑战和机遇，能够帮助个体和组织更好地适应变革和创新的一种重要思维能力。

跨界思维包括以下几个方面的特点和要素：

综合性：跨界思维不局限于单一学科或领域，而是将多个学科、领域或文化之间的知识和观念相互融合，形成新的综合性理念和方法。

创新性：跨界思维通过将不同领域或文化的元素结合起来，可以产生创新性的想法和解决方案，开拓新的思维空间。

包容性：提出跨领域、跨文化背景的跨界思维方式，倡导多元化的思维模式和方法，促使跨界资源相互融合并最大化地发挥作用，使资源得到最大程度的发挥和共享。

跳跃性：运用跨领域的思维，达到知识的跳跃性整合和应用于跨界的思维方式。跨越传统界限和框架来发现不同领域之间的联系以及彼此的共同点。通过这样一种跳跃性的思考方式来实现知识的融会贯通和应用。

协同性：跨界思维强调跨学科、跨行业和跨文化的合作与交流，倡导共享资源和共同发展，实现多方合作的协同效应。

二、跨界思维的重要性

跨界思维是当今社会发展不可忽视的一种重要思维方式，它能在多个领域带来正面影响，在应对复杂问题、促进多领域融合、提高问题解决效率、增强竞争优势、拓展个人视野、培养综合素质等方面都有不可低估的作用，因此值得提倡与重视。

跨界思维能促使我们从固有的思维定式出发，挖掘出不同领域间的联系和创新点。将不同领域的知识相互融合，从而产生新颖的观点与解决办法，以促进创新的产生与发展。通过跨界思维的深入运用，我们将对不同领域的问题有更全面的认识。

处理复杂问题时，单一的领域知识很难起到应有的效果。跨界思维可以帮助我们将多个领域的知识和资源融合起来，从不同的角度去审视问题，从而找出问题的根源和有效的解决办法。这样综合性地思考问题，既提高了问题的解决效率，又使问题得到较好的解决。

跨界思维能促使不同领域间的交流与合作，促使知识的分享与资源的共享，从而解决很多跨领域的问题并促进各领域的共同发展。这种融合不仅有利于增强个人和组织的竞争力，而且对整个社会的进步与发展也有很大的促进作用。因此，跨界思维的重要性是不容忽视的，它对于促进各个领域的融合与发展具有十分重要的意义。

跨界思维，即对同一问题从不同的角度去思考，并找出解决方案的一种思考途径，可以帮助我们快速抓住问题的实质和核心所在，然后有的放矢地采取措施加以解决，从而使问题的解决效率得到提高；再者就是整合不同领域的知识和方法进行运用；另外，跨界思维也可以帮助我们预见对今后可能出现的问题和挑战，从而帮助我们提前准备；同时这种思维的跨领域性也在一定程度上提高了分析及解决问题的能力。

在社会竞争激烈的情况下，有跨界思维能力的人或组织往往能在竞争激烈的市场中占据举足轻重的位置，因为他们能够将不同领域的知识和资源融会贯通，形成独特而有力的竞争优势。不仅如此，跨界思维也能帮助人们把握市场需求和消费趋势，从而开发出更多富有创造性和实用性的产品和服务。总之，在当今瞬息万变的市场环境下，跨界思维无论对个人还是商家都是十分有益的。

跨界思维能使个人的眼界变得开阔，从而对世界各国有一个比较全面的认识。多接触不同领域的知识与文化，自己的知识面与认知范围得到拓展，自己的综合素质得以提高。另外，跨界思维也能帮助自己更好地认识他人和多元文化，跨文化交流能力得到提升。

所谓跨界思维，既重知识的融会贯通，又抓能力的培养。在跨界思维过程中，要求有广博的学科知识储备，有敏锐的洞察力，有创新思维和解决问题的能力等以增强综合素质，从而在适应未来社会发展需求时能够有更好的发挥，进而更好地促进跨界思维的发展。

三、跨界思维的作用

跨界思维对跨界教育的作用十分重大。跨界思维是跨越不同领域、不同学科、不同文化背景等进行思考和创新的本领，对于跨界教育来说具有举足轻重的作用。它帮助教育领域打破学科壁垒和文化隔阂，促进学生思考能力和创新能力的提高。

促进知识创新：运用跨学科的思维模式，打破已有学科之间的壁垒进行交叉融合，促进新知识的创新与发展。引入其他领域的知识和技能，为我们解决复杂问题带来新的思考方式和解决办法。

　　培养综合素质：为了使学生在不同领域之间能够通力合作以应对多元化的挑战与机遇，跨界思维着重培养学生的跨学科能力和跨文化交际能力，使他们在面对多元化文化背景下的问题时能够做到有效地沟通与协作，从而获得更强的适应能力和竞争力。

　　提升创新能力：运用跨界思维，对学生创新思维进行激发和训练，培养学生勇于尝试新思路、新方法的能力，为学生今后的事业发展奠定坚实的基础，是培养学生创新能力的有效途径之一。

　　跨界思维是以不同领域为基础的思维方式，它对现代人的个人成长和社会发展起着举足轻重的作用。要想培养跨界思维能力，需要采取一些行之有效的办法。下面将着重从拓宽知识领域、多领域交叉学习、接触不同文化、挑战固有思维、跨学科团队协作、主动寻求新体验、培养创新思维等方面进行论述。

　　跨界思维所需要的广博的知识储备是基础中的基础，所以为了丰富自己的思考素材和启发灵感，我们应该重视知识的多领域涉猎和积累。人们还可以通过阅读不同领域的书籍，参加学术讲座，在线学习课程等多种途径来获得更广泛的知识和信息。这样，人们就有机会接触到跨界思维所需要的丰富素材和灵感。

　　开展多领域交叉学习对发展跨界思维能力是行之有效的办法，包括选修不同学科的课程，参加跨学科的研究项目或实践活动，与不同领域的人进行交流与合作等。多领域交叉学习能使学生认识不同领域的研究方法和思维方式，从而促进不同领域知识的融会贯通与开拓创新。

　　文化是影响人们思维方式的一个重要因素，接触不同的文化可以开阔自己的眼界，认识不同文化背景下人们的思维方式和价值观念，如旅行参加文化交流活动、学习外语等，都是接触不同文化的有效途径。在接触不同文化的过程中，要始终保持一种开放包容的心态，把其他文化的优点吸收进来并加以借鉴，这样才能更好地促进自己的思维和文化水平的提高。

　　固有思维常使我们的思考范围受到限制，对创新能力产生一定的制约作用，所以为了打破思维定式，培养跨界思维能力，需要勇于挑战思维定式，破除固有思维。方法很多，如提问法、辩论法、思辨法，对已有的思维定式进行质疑与挑战，以促进思维方式与创意的开拓。通过这种方式，可以在拓宽思路的同时，获得新的思考途径。

　　跨学科团队合作是实践跨界思维的有效途径，能促使不同学科背景成员之间的相互认识与交流，并通过相互学习和相互借鉴来锻炼自己的协作能力和交流技巧；同时能加深对其他领域知识和思维方式的认识与了解，促进跨界思维的形成与不断发展。因此，跨学科团队协作是培养跨界思维的重要途径之一，是促进不同学科领域相互融合与相互促进的有效途径；同时，这也为今后的社会和科技的长远发展打下基础。因此，我们要提倡与倡导跨学科的团队协作，鼓励人们主动地去寻找新的体验来拓宽对跨界问题的认识和思考。尝试新的事物和接受新的考验是开拓思路的有效途径。人们可以参加以前没有接触过的一些活动或项目，比如参加志愿者活动，尝试新的运动方式，学习一门新技能等来丰富人生经历，从而对跨界问题有更好的认识和思考。

跨界思维是以创新思维为核心的能力，它是在不断发现问题并加以解决的过程中体现出来的；要想培养创新思维，就必须重视观察、分析、总结的过程；发挥想象力去思考问题并从不同的角度去认识问题也是重要的一点；从参加创新思维训练到阅读创新相关书籍，从重视创新思维动态到不断提升自身的创新思维能力，这些都能为培养跨界思维创造机会，从而不断地开拓思路。从总体上讲，跨界思维的关键在于创新思维的培养与运用。因此，要想真正养成跨界思维，必须培养创新思维。

培养跨界思维的能力需要一个长期而持续的过程，需要不断地努力与探索。运用多种途径逐渐发展自己的跨界思维能力，为今后的个人成长与社会发展打下扎实的基础。可以在今后的学习、工作、生活中持续不断地进行跨界思维的尝试和实践来不断地拓展自己的思路和视野。

四、跨界教育实践案例

芬兰的跨学科教学：芬兰教育体系在国际上享有盛誉，其跨学科教学方法是其中的重要特点。芬兰的中小学常常采用主题式教学，将数学、语言、艺术等多个学科的知识融入一个主题中，让学生在解决实际问题的过程中学习跨学科知识。

美国 STEM 教育：STEM 教育强调跨学科整合，注重培养学生的创新精神和实践能力。通过项目式学习、实践操作等方式，STEM 教育让学生在探索中发现问题、解决问题，从而培养相应的能力。

新加坡的国际教育交流项目：新加坡积极推行国际教育交流项目，鼓励学生参与国际实习、研学旅行等活动。这些项目旨在培养学生的跨文化交流能力，拓宽国际视野，提升综合素质。

五、跨界教育面临的问题与挑战

跨界教育在理论上具有很多优势，但是在实际操作过程中仍面临若干困难和挑战：

资源整合难度：跨越学科的跨界教育，要求从不同的领域和学科中提取资源进行整合。但是现实中这些资源往往分散在各个部门或机构中，存在难以实现有效整合的问题。

教师素质要求提高：目前跨界教育对教师的素质要求更高，教师既要掌握扎实的专业知识，又要具备跨学科素养和创新能力。但教师队伍中具备这些素质的教师数量有限，评价制度不够健全。因此，跨界教育的效果往往是难以衡量的。目前，我们还需要加大对教师队伍的培训力度。

不仅如此，还需要建立新的评价体系来全面评价学生的学习成果和创新能力。

从今后的发展趋势来看，跨界教育将会呈现出以下几个方面的动向：

形式多样化：随着科技的发展和教育理念的革新，跨界教育的方式将更加多样化，既有线上线下相结合等多种形式，也有跨学科项目合作等多种途径。

普及化：随着社会对人才培养要求的提高，跨界教育将逐渐普及到更多学校和地区，成为教育领域的一种重要趋势。

国际合作加强：在全球化的背景下，跨界教育将更加注重国际合作与交流，为促进不同国家和文化背景下的教育资源共享与协同发展提供有力支撑。

为克服跨界教育所面临的种种困难，建议从以下几个方面着手。

加强资源整合：建立促进不同领域、不同学科、不同文化资源整合共享的跨界教育资源共享平台。

提升教师素质：加强教师培训和学习交流，培养具有跨界教育能力的高素质教师队伍，提高教师的跨学科素养和创新能力。

完善评价体系：建立综合考查学生知识掌握、动手能力、创新思维等各方面发展情况，全面体现跨界教育成果与价值的多元化评价体系。

六、教育政策与实践中跨界思维的应用

既能推动教育制度创新与发展，又能培养学生综合能力、推动社会进步与发展，跨界思维在教育政策与实践中意义深远。下面是教育方针和实践中跨界思维的重要意义：

促进教育的创新与改革：传统的教育教学思维模式难以满足时代发展的需要；跨界思维引入新的理念和途径促进教育的创新与变革；政策制定者与实践者在多个领域的启发下探索教育新模式和新评价体系；为促进教育不断发展提供新思路和新路径。

促进教育资源的优化配置：跨界思维可以帮助教育政策制定者和实践者更好地理解教育的综合性和复杂性，从而实现教育资源的优化配置。在教育政策制定和实践过程中，可以通过跨界的思考，发现不同学科、不同领域和不同文化之间的联系与共通之处，从而达到有效整合、利用教育资源，提升教育效益与效果的目的。

促进学生综合能力的培养：跨界思维可以培养学生的综合能力，学生在跨界思维的引导下，通过对不同学科、不同领域的知识和技能的多角度审题，培养更适应未来社会需求和挑战的综合思维和综合能力。

促进教育的国际化和多元化：跨界思维助推国际化，教育发展多元化。教育政策的制定者和实践者可以通过跨界的思考，更好地理解不同文化之间的差异和共通之处，

促进跨文化、跨教育的发展，培养学生的国际视野和跨文化的沟通能力，促进世界范围内的教育合作与交流。

促进社会的创新与进步：跨界思维可以激发创新思维，促进社会的前进和发展。教育政策的制定者和实践者可以通过跨界思维，为社会可持续发展引入解决教育疑难问题和矛盾的新理念、新方法、新技术，促进教育事业的不断发展，作出更大的贡献。

总的来说，在教育政策与实践活动中的跨界思维具有十分重要的意义。既能促进教育体系的创新与改革，又能锻炼学生的综合能力，所以跨界思维在教育改革中将发挥积极作用。促进教育的可持续发展是教育政策制定者与实践者的责任与义务。

1. 艺术与科学融合教育

教育实践活动将艺术与科学融为一体，而跨界思维则表现在以艺术的形式来激发学生对科学的兴趣上，比如一些学校开设的"科学艺术"课程，以绘画、雕塑、摄影等多种形式来表现科学原理或现象，使学生对科学知识有更加直观、感性的认识，这种跨界教育模式既增强了学生的艺术修养，又使学生对科学知识的认识和运用能力得到了有效的提高。

2. 音乐与运动跨界实践

将音乐元素融入体育课程，在培养学生运动热情的同时，运用音乐节奏来指导学生的动作，是音乐与运动跨界实践的具体应用——不仅提高了体育课程的趣味性和吸引力，而且促进了学生身体协调性的发展和音乐感受能力的提高，是跨界思维在体育教育方面的具体体现。

3. 自然环境与社会发展融合

跨学科思维在结合自然环境与社会发展方面发挥着重要的作用，培养学生以综合性的视角来认识世界，运用多学科知识和解题技巧，加深学生对自然环境与社会发展之间相互关系的认识并增强学生的社会责任感。学校组织环境调查或其他社会实践活动是促进学生跨学科思考的有效方式，能够培养学生运用多学科知识和解题技巧的能力，加深学生对自然环境与社会发展相互关系的认识。这种融合教育模式有助于学生形成对自然环境与社会发展的全面认识和综合思考的能力，增强学生的社会责任感。

4. 在线教育的创新发展

在线教育作为现代教育的一项重要形式，跨界思维在其中发挥着举足轻重的作用。基于整合各类教育资源和技术手段的在线教育平台，一方面打破了传统教育的时空限制，给学生带来了更为灵活多样的学习方式；另一方面，利用大数据分析技术对学习过程进行监测和考核，根据学生的学习情况和兴趣偏好进行个性化推荐和辅导，满足学生多样化的学习需求，同时提高了教育效率和质量。

5. 个性化教育探索

跨界思维在教育领域得到的重要体现就是对在个性化教育理念下不同学生的不同

发展需求和兴趣特征的综合考虑。学校对学生个体差异的认识和兴趣特征的分析是个性化教育教学的基础，从而为学生量身定做适合发展的教育方案，满足不同学生的发展需求。一些学校让学生根据自己的特长和兴趣选择适合自己的学习内容；还有一些学校通过教师与学生的交流互动以及家长与学校的合作交流来关注学生的情感需求与心理健康问题，给学生提供全方位的教育服务与支持。因此，在个性化教育理念下的教育实践中，跨界思维的重要性是不容忽视的。

6. 教育质量提升改革

跨界思维对教育质量的提高有正面的作用，有利于在现有教育体系的基础上进行改革创新。学校引入先进的教育理念和方法，优化课程设置和授课方式，提高教师的教育教学水平和职业素养，从而促进学生的学习效果和综合素质的提高；另外，学校还将加强与社会的联系与合作，多争取一些社会资源与支撑，为教育质量的提高提供有力保证，因此可以说跨界思维对教育质量提高有促进作用。同时，学校还将致力于培养具有跨学科视野的人才，以应对日益复杂多变的教育环境与市场需求。

7. 全球教育合作计划

全球教育合作计划是以跨界思维为基础的，它体现在国际教育领域之中。加强与国际教育机构和其他国家的交流与合作，能够为学校带来先进的教育资源和学习经验，使学生具有更广阔的国际视野和良好的跨文化交际能力，从而促进在不同文化背景下的教育交流与相互融合的深入发展。为此，学校可开展互访交流项目以增进相互了解，合作研究项目以促进知识共享，师生互访以增进相互了解。

8. 文化交流与资源共享

文化交流与资源共享是跨界思维在促进教育公平与多元化方面的实际应用方式。学校以组织文化交流活动，建立资源共享平台等方式促进不同文化之间的交流与融合。这既有利于增强教育的包容性和开放性，又有利于培养学生具有跨文化素养和全球视野的跨文化交际能力，因此对于教育的发展具有十分积极的意义。同时，学校也借助资源共享平台实现资源的共享与最优化配置。

七、促进跨界思维的教育技术工具

随着科学技术的日新月异，教育科技工具越来越广泛地应用于教育领域。这些工具在提升教学效率的同时，提供了强大的支撑，更重要的是可以培养学生的跨界思维能力。本文将着重介绍以下教育科技工具：人工智能助手、虚拟现实技术、语音识别软件与数学智能辅导、自动化评分系统、跨平台学习软件、智能数据分析工具、个性化学习系统。

1. 人工智能助手

人工智能学习助手，可以根据学员的学习进度和个性化需求，在分析学员的学习数据的基础上，针对性地给出个性化的学习建议和辅导。它在互动中帮助学员提高自主学习能力和解题能力，从而激发学生对跨界思维的兴趣与动力。

2. 虚拟现实技术

虚拟现实技术能给学生提供身临其境的学习体验，使同学们能在实际情景中进行动手操作和探究性学习，有利于突破不同学科间的壁垒，将不同领域的知识有机地融合起来，从而培养学生的创造性思维和跨界合作能力，使他们在学习中融会贯通。因此，虚拟现实技术在教育教学中具有十分重要的意义。

3. 语音识别软件与数学智能辅导

数学智能辅导应用语音识别软件技术对学生进行智能辅导，实时将学生的语音输入转换成文字，帮助他们快速准确地记录笔记、整理思路，使学生的听课效率得到了很大的提高。学生能够通过语音识别软件自如地表达自己的想法和观点，使自己的跨界思维能力得到很好的锻炼和发挥。数学智能辅导还能够通过语音识别软件进行数学知识的讲解和练习，使学生的数学功底得到进一步的巩固和提高。数学智能辅导在数学课堂教学中起到了很大的作用。随着语音识别技术的日益成熟，数学智能辅导在今后的教育教学中会有更大的发展空间。

数学智能辅导系统根据学生的数学基础与学习能力进行个性化的辅导与指导；对学生解题过程进行分析，找出错误与难点并给予相应的解析与提示；帮助提高学生对数学概念与解题方法的认识与运用能力，增强学生的数学思维和跨界应用能力的提高。

4. 自动化评分系统

自动化评分系统能够快速准确地对学生提交的作业和试验进行评分，根据预先设定好的评分标准和算法，自动地对学生的答案和表现进行分析，并给出与之相对应的分数及反馈，既减轻了教师的批改负担，也给学生以更为及时和具体的反馈，从而帮助他们发现不足之处并加以改进，因此具有十分重要的意义。同时，也为教育管理决策和教学改革的开展，提出了更为科学有效的借鉴。

5. 跨平台学习软件

使用跨平台学习软件可以使学生在不同设备上无缝切换不同的学习场景，不管是电脑还是平板，甚至是手机都可以进行随时随地的学习，这就给学生的跨界思维带来了更多的机会与空间，使他们在不同的环境和情景中都能进行学习与思考，从而不断地开拓思维的广度与深度，不断地进行自我超越与成长。

6. 智能数据分析工具

智能数据分析工具能对学生的学习数据进行深入的挖掘和分析，教师通过统计和分析学习数据，能够对学生的学习状况有更精确的了解，进而为他们提供更有针对性的指导，帮助学生发现自身的学习特点和优势，进行跨界的思考和探索。同时，智能数据分析工具还能为学生的自主学习提供更好的支持和帮助。

7. 个性化学习系统

个性化学习系统根据每个学生的个性特点及所需，制订与之相适应的学习计划并对应分配学习资源，使每个学生都能得到最大程度的发展与提升，充分尊重学生的个体差异和兴趣特长。有了个性化学习系统的有效引导与支撑，学生在擅长的领域有了更大的发挥空间，从而在跨界思维和探索上有了更大的自信与动力，达到个人综合素质全面发展的目的。

现在的教育技术工具对学生跨界思维能力的培养提供了强有力的支撑，不仅可以提高教学效率，而且可以使学生有更丰富的学习方式和交流途径。随着技术的不断进步和革新，相信将来会有更多优秀的教育技术工具被开发出来，为培养学生跨界思维的能力提供更加有力的支持。因此，我们要不断地探索和创新。

八、结论

跨界教育作为教育领域的一大新兴趋势，正逐步改变着传统教育的格局，给学生带来更广阔的发展天地。它以整合多元资源为基础，以培养学生综合素质和创新能力为重点。随着科技的发展和教育理念的不断革新，跨界教育在将来一定会呈现出更多样、更普及的特征，为人才培养与社会发展注入新的动力。

跨界教育实践活动中，建立合作协调机制是非常有必要的。要发挥跨界教育的最大潜能，就必须加强不同领域学科文化间的交流与协作。所以，教育部门、学校、企业以及研究机构等要形成更加紧密的合作关系，共同促进跨界教育的创新与发展，这是当前开展跨界教育实践所必须面对的。

此外，为了使学生在实践中更多地体验跨界的乐趣和价值，要激发他们的学习兴趣，提高创新能力，在具体的教学实践中引入跨界教育的理念和方法。同时，为了将跨界教育与经济社会发展紧密结合起来，要提高跨界教育对学生适应社会和行业的需求程度，从而增强其就业竞争力和社会适应能力，使学生能够在具体教学过程中做到学以致用。

总之，在培养跨学科的能力和创新能力方面，跨界教育具有举足轻重的地位，是创新的教育理念和实践模式。面对今后的挑战与机遇，积极应对和持续不断地进行开拓创新工作，促进跨界教育在世界范围内得到更广泛的关注和应用，为人才的培养和社会的发展作出更大的贡献是当务之急，这是在全球化的今天发挥跨界教育的文化多元性优势，鼓励学生进行跨文化的交流与合作，以增进相互认识与尊重的有效途径。因此，要充分利用跨界教育的这一优势。比较不同文化背景下的教育方法和教育资源，能找出各自的特色与局限，从而在教育模式上不断地加以创新和调整，使之发挥最大效用。

同时，在技术日新月异的当今社会，跨领域教育充分使用现代科技手段是当务之急。运用大数据与 AI 技术进行实时的学习监控与考核,能够给学生以个性化的学习与辅导,同时以虚拟与增强现实的方式提高学生的学习效果与实际动手能力。在教育领域引入科技的手段能帮助学生获得更好学习与成长的机会。

综上所述,不断发展壮大的跨界教育将以其独特的魅力与价值,改变传统的教育方式与格局。要充分发挥跨界教育的效应与优势,在教育实践活动中去总结经验教训并加以实践,摸索更有效的教育方式和途径。为世界各国教育事业的共同繁荣与发展贡献自己的一份力量,是我们每一个人的责任与义务。

跨界教育的核心在于学生综合素质的提高以及创新能力的培养,因此,在教育实践活动中,既要重视学生对知识的掌握程度,又要培养学生在思维方式上的开拓性思维;在重视学生动手能力培养的同时,也要重视学生创新意识的培养;在培养学生动手能力的同时,更要使学生具备跨学科素养和创新能力,从而为社会的发展和进步注入源源不断的动力,通过培养学生成为具有跨学科素养和创新能力的人才,实现我国跨界教育的最终目的。

第三节
"双师型"教师是培养跨界思维的必然选择

一、"双师型"教师在职业教育中的角色

在当今的职业教育领域中,"双师型"教师发挥着举足轻重的作用,成为推动职业教育高质量发展的关键力量。

1. 专业知识传授者

所谓"双师型"教师,是指有扎实的专业理论基础,并能对专业知识进行系统传授的教师。为使学生对核心概念、原理技能有深入的认识和把握,教师必须在精心设计的教学过程上下功夫,既要在课堂上能将知识要点讲解传达到位,又能在实践辅导上对学生进行有效的指导。"双师型"教师在为学生奠定坚实的专业基础方面发挥着举足轻重的作用,在培养学生成为具有能够运用专业知识解决实际问题能力的人才的过程中具有重要作用。

2. 实践技能指导者

"双师型"教师与普通教师不同的是,他们的实践经验丰富,这使他们在实际教学中能给学生以切实有效的辅导。他们能在实践中指导学生提高技能水平,帮助学生熟悉实际工作中的操作流程、技术要点和常见问题。他们让学员更快地适应职场环境,通过手把手地授课,结合实际案例进行分析,培养学生解决实际问题的能力。

3. 职业素养培养者

职业教育既重视教授知识，又重视培养学生的职业素养。"双师型"教师了解业界对职业素养方面的要求，并在教学中着重培养学生的职业能力和职业操守。"双师型"教师能给学生树立良好的职业榜样，能"为人师表"和"言传身教"。

4. 课程设计与改革推动者

具有双师功能的教师，能主动参与课程设计和教学改革，根据行业的最新发展和企业的实际需求，对课程内容和教学方式进行相应的调整，使之更贴近实际应用和市场需求，从而促进教学质量的提高和教学效果的增强，这是"双师型"教师在教学中所起到的重要作用。

5. 产教融合的桥梁

一方面，与企业发展联系紧密的人能充当学校与企业之间的联系桥梁与纽带，将企业的实际项目导入教学，给学生带来真实的练习机会。另一方面，他们还能向企业推荐优秀学员以促进学生的就业和职业成长，从而将学校与企业深度融合，为职业教育发展创造良好的外部条件。

6. 学生职业规划引导者

"双师型"教师由于对行业的发展趋势和职业路径有深入的了解，所以能够有针对性地为学生提供职业规划指导，帮助他们认识不同职业的特点和要求。在学生面临职业选择和发展困惑的时候，他们能够给予及时的建议和支持，使学生学有所用。

7. 教育创新的践行者

时代的发展，科技的进步，促使职业教育也不断地进行着创新，"双师型"教师为了提升教学效果，利用现代教育技术，探索出许多新的教学模式和方法；并勇于尝试新的实践项目和教学资源，为职业教育的创新发展提供新思路和新方法。

总之，"双师型"教师在职业教育中占有举足轻重的地位。对于"双师型"教师来说，无论专业知识的运用能力还是实际操作的经验与技能都是必不可少的；他们的职业素养影响着学生的学习效果。因此，随着职业教育的不断发展，对"双师型"教师的培养与成长要给予更多的关注。社会应努力为他们创造良好的工作环境和发展空间，使其充分发挥自身在职业教育中所起到的独特作用，进而促进职业教育再上新台阶。通过这样的努力，推动"双师型"教师在职业教育领域的地位和作用，更好地为培养高素质的职业技能人才贡献自己的一份力量。

二、跨界技能对"双师型"教师的要求

在当今时代，职业教育越来越强调培养具有综合素养和跨界能力的人才，这也对"双师型"教师提出了更高的要求：

1. 广泛的知识储备

具有跨界技能的"双师型"教师，首先需要有广博的知识储备，既对所教授的专业领域有精深的了解，又对其他领域有较为基础的了解，如不同学科间的交叉点和边缘性知识等，这是引导学生从不同角度思考问题，培养学生综合思维能力的基础；只有在此基础上，教师在教学中才能引导学生进行有深度的思考，把学生从"局外人"变成"行家"。因此，教师必须不断地开阔自己的视野，增加知识储备。

2. 跨学科的教学能力

把不同学科的知识有机地融合在一起进行教学，要求教师有很好的课程设计能力，能根据不同学科的特点和学生的实际情况设计有创新性和吸引力的教学方案。教师在教学过程中要善于运用多种教学手段，如案例教学、工程教学、小组合作等，以激发学生的学习兴趣和学习主动性，使学生把跨学科知识和技能融会贯通到实际中去。把不同学科的知识有机地融合在一起进行教学，能让学生获得更全面、更系统的知识体系。

3. 敏锐的行业洞察力

跨界技能要求教师对不同行业的发展趋势和需求有敏锐的洞察力，并能将这些信息融入教学，既要时刻关注行业动态，了解新的技术工艺和管理理念，又要与企业保持密切联系，通过参加企业实习调研等方式，对企业的实际需求有深入的了解，从而对学生的职业发展进行更好的指导，使教师与学生都能在今后的工作中更好地应对。

4. 创新思维和实践能力

"双师型"教师既要有创新思维，又要有很强的动手能力，在处理复杂多变的实际问题中能运用创新的方法和思路。这就要求教师不断地学习新的知识和技能并勇于开拓新的教学方法和实践项目，以自身为榜样对学生的创新意识和动手能力进行培养。"双师型"教师是学生创新思维和动手能力的开拓性导师。因此，"双师型"教师是教育事业发展中必不可少的一支重要力量。

5. 良好的沟通与合作能力

跨界技能的培养，往往需要不同专业、不同领域的人员协同作战。所以，"双师型"教师需要有很好的交流能力和协作能力，能与其他教师、企业人员、行业专家等进行有效的沟通与交流，共同探讨教学中的问题，并在实践中寻求解决之道。在教学和实践中，"双师型"教师都要发挥自身优势，积极主动地承担起自己在团队协作中应尽的职责，与小组成员齐心协力地完成各项工作任务。

6. 自我提升与学习能力

社会飞速进步，数字技术也在不断更新发展。"双师型"教师一定要保持学习热情，不断拓宽自己的知识视野，通过参加培训、进修学习、学术交流等手段，促进自身业务水平和教学水平的提高。

7. 职业道德与职业素养

培养跨界技能时,"双师型"教师的自身职业道德与职业素养也尤为重要。"为人师表""教书育人",保持"高度责任感与敬业精神",这是教师们的职责所在。既要以身作则地起到模范带头作用,又要在教学工作中始终保持高度的职业操守,对学生的职业道德和职业素养也要做到心中有数。"双师型"教师不仅要向学生传授学科知识与技能,还应使学生树立正确的职业价值观与人生观。要把学生的职业道德和职业素养的培养作为教师的一项重要工作来抓。

"双师型"教师需要具备"跨界"技能,除学科知识之外,还应具备广泛的知识储备,既要对所学专业的理论知识有深入的了解,又要了解其他相关领域的知识;具备较强的拓展能力,能够迅速适应不同行业和领域的新变化和新趋势,不断促进自身知识体系的更新和拓展。

与不同专业背景的人员交流合作时,要想取得较好的合作效果,就必须具备很好的沟通协调能力和创新思维能力,以打破传统思维局限并从不同角度思考问题,从而提出创新性的解决方案;以应对复杂多变的跨界工作场景,从而促进项目的顺利开展。因此,无论是沟通协调能力还是创新思维能力,都是跨部门协作中必不可少的。

教师应对各类工具和技术有熟练的运用能力,并能将理论知识融会贯通到实际教学中去,使学生在实践中得到锻炼和提高,从而表现出一定的职业素养和能力。另外,教师应有极强的适应能力,能很快地融入不同的工作环境和文化氛围,对自己的工作方式和方法进行相应的调整,以便在跨界工作的要求下更好地发挥作用。因此,教师是培养学生实践能力和职业素养的中坚力量。

此外,教师须具备较强的项目管理能力,对跨界项目进行有效的组织与管理,在资源分配上也能做到心中有数并保证项目按时、高质量地完成,甚至在项目管理上有一定的经验和技巧。

最后,教育工作者应具备优良的职业素养和敬业精神,在面临不同领域的挑战和困难时,要始终保持对教育事业的热爱与责任感,以积极的态度去克服困难,努力提高自己的跨界技能水平,从而对培养全面发展的学生产生积极的作用。综合来看,跨界技能要求"双师型"教师要适应职业教育发展需求,不断提高自身综合素质和能力。只有这样,才能培养出具有跨界能力和创新精神的高素质职业技能人才,促进社会的发展并作出更大的贡献。

三、跨界实践的"双师型"教师案例

案例一:在学校讲授计算机程序设计课程的同时,一所职业院校的计算机专业教师还利用课余时间参与某软件公司的课题研究。这位老师通过参加实际项目,将这些实践经验带回课堂，使教学内容更加丰富，不仅提高了学生的编程技能，还令学生了解了行业的最新技术和需求。

案例二：在理论教学之余，一位机械专业的老师积极投身于企业的技术研发。他在生产过程中与企业合作解决技术难题，并以这些实际问题作为切入点，培养学生的动手能力和创新思维。

案例三：一位从事烹饪教学工作的教师在教学之余，在经营餐厅方面也积累了一定的经验，并将自己在餐厅运营中的心得体会运用到烹饪教学工作当中，使学生不仅学习到专业的烹饪技能，还了解到餐饮行业的运营管理知识，开阔了视野。

案例四：一位电子商务专业老师将自己的创业经历融入课堂教学中，帮助学生在实践中锻炼创业意识和能力，同时还为学生今后从事电子商务工作奠定基础。这位老师还创办了自己的电商企业，将课堂上学到的知识应用到实际运营中，并在实践中不断地摸索和创新。

四、培养"双师型"教师的教育策略

在当今教育体系中，培养"双师型"教师已成为提升职业教育质量的关键环节。以下是一些具体的教育策略：

1. 构建完善的培训体系

建立入职培训、任职培训、专题培训等多层次、多形式的培训制度。入职培训要注意让新教师对职业教育的特点和要求有一个全面的了解，掌握教学的基本方法和基本技能；岗位练兵要有针对性地开设专业技能提升课程，与教师的实际工作相结合；而专题训练则可以围绕某一具体领域或热点问题进行训练，这样可以开阔老师的眼界。

2. 加强实践教学环节

安排教师进行定期的实践锻炼活动，使他们能接触到企业的最新技术工艺和管理模式，对行业有较深入的了解和认识。在实践锻炼过程中，对教师参与实际课题给予一定的鼓励和支持，使他们在积累实践经验、提高实际解题能力的过程中得到锻炼与提高。同时学校可以与企业合作建立实践教学基地，为教师提供较为稳定的实践锻炼场所，促进教师在教学中更好地结合实际问题。

3. 推动校际交流与合作

鼓励教师参加校际的交流活动，分享教学经验和成果。通过与其他学校"双师型"教师的交流，互相学习借鉴，发现自身的不足并加以改进。此外，还可以开展校际合作项目，共同进行教学研究和实践探索。

4. 强化课程设计与开发能力

组织教师参加培训和研讨，提高教师理解和把握课程体系的能力，进行课程设计与开发。引导教师设计针对性强、实用性强的课程内容，结合行业需求和学生实际，在教学方式和教学手段上进行创新。为突出学校特色和优势，鼓励教师积极参与开发校本课程。

5. 建立激励机制

对在培养"双师型"教师工作中表现突出的教师，将设立专门的奖励制度予以表彰奖励。在职称评定、评优评先、激发教师上进心等方面给予倾斜。同时，为教师能在教学和专业发展中安心投入，应提供良好的工作环境和发展空间。

6. 搭建产学研合作平台

建立校企科研单位合作平台，以促进产学研结合，教师能让学生接触到最新的科研成果并运用到实际中去。同时，这也为学生提供了更多的实践锻炼机会，使学生的专业知识与动手能力都得到了很好的提高，并为学生创造更多接触科研的机会，以培养学生的创新意识。

7. 提升教师的信息化教学能力

教师信息化教学能力的培养，在信息技术飞速发展的今天，是必不可少的。以信息化手段创新教学模式和教学方法，为教师提供熟练掌握各种教学软件和教学工具的信息化教学培训，鼓励教师为学生提供更便捷、更丰富的学习途径，建设网上课程，开发网上教学资源。

8. 加强团队建设

组建"双师型"教师团队，通过团队合作实现优势互补和资源共享，使团队成员在共同开展教学研究、课程开发、实践项目等工作中相互促进、共同成长，同时邀请企业专家和行业精英加入，为教师提供更加专业的指导和支持，从而达到"双师"的优势互补、资源共享。

9. 开展国际交流与合作

积极拓展国际交流渠道，选派优秀教师到国外知名院校、知名企业进行交流学习，使教师队伍不断壮大，教学水平不断提高。了解国际上先进的职业教育理念和做法，汲取国外优秀经验，促进中国职业教育向国际化方向发展。同时，为促进国际教育交流与合作，还可以邀请国外专家来校举办讲座和开展指导。

10. 建立教师成长档案

为每位教师建立成长档案，记录他们的学习经历、培训成果、教学业绩等信息。通过对成长档案的分析和评估，及时发现教师在专业发展过程中的问题和不足，有针对性地制订培养计划和措施，为教师的持续成长提供有力保障。

11. 鼓励教师参与行业标准制定

在教师参加相关行业标准的制定工作中给予支持，既能使教师对行业的要求有深入的了解，又可以增强教师在行业内的话语权和影响力，有利于教师对专业发展方向有更清晰的认识，并能更好地将行业标准融进教学，提高教学的针对性和实效性。

12. 举办教师技能大赛

定期举办"双师型"教师技能大赛，以赛促练，以赛促学，通过比赛的形式激发教师学习的积极性，同时也为促进教师综合素质的提高，提供一个良好的展示与交流的平台，从而全面考察教师的综合素质，促进教师业务水平的整体提高。

13. 加强教育科研能力培养

对教师从事教育科研工作加以指导，以促进其教育科研能力的提高，并鼓励教师结合教学实践中出现的问题进行研究，提供一定的科研经费和指导。帮助教师将科研成果运用到教学实践当中，从而促进教学质量的不断提高，这是一项对广大教师十分有益的工作。

14. 开展教师专业成长工作坊

组织各种主题的教师专业成长工作坊，邀请专家或经验丰富的教师进行分享和指导。工作坊针对特定的教学技能、课程开发技巧、职业素养培养等内容进行集中讲解，并以小组讨论、案例分析、实践操作等多种形式进行深入的研讨和学习，使教师得到实实在在的收获与成长，使教师在教学中能够有进一步的提升。

15. 构建教师专业发展共同体

建立教师专业发展共同体，让教师在共同体中相互学习，相互支持，共同进步。社团可以把教师的力量凝聚起来，通过线上线下的交流活动、项目合作等形式，形成专业发展的良好风气。社团还能与其他地区或学校的社团互动、沟通，让老师们开阔眼界。

16. 注重教师的心理健康

学校要对教师的心理健康予以重视，为教师提供相关的心理健康辅导与扶持。"双师型"教师工作负担比较重，面对的挑战也比较大，良好的心理状态，对教师应对各种情况起着举足轻重的作用。学校可针对教师的情况，组织相关的心理健康讲座与辅导活动，以帮助教师减轻工作与学习带来的压力，并在教学中保持积极的心态。

17. 发挥优秀教师的示范引领作用

选拔并培训一批优秀的"双师型"教师，使他们起到模范带头作用；以示范课、研讨分享会等形式促进广大教师相互学习，借鉴成功经验和做法。同时，安排部分优秀教师与青年教师结对子，促使后者迅速成长。通过以上方式，促进教育事业的良性发展。

18. 与社会机构合作开展培训

积极与社会专业培训机构合作，利用他们的优质资源和经验，为教师提供更加专业和有针对性的培训。例如，与职业技能培训机构合作开展技能培训，与教育研究机构合作开展教学方法和教育理念相关培训等。

19. 建立持续评价机制

为建立对"双师型"教师的持续评价机制,定期对教师的专业发展情况进行评估和反馈,评价内容可涵盖教学效果、学生实践能力、科研成果等方方面面。根据评价的结果及时对教师进行培训与指导,并采取相应措施对教师进行个性化辅导与扶持,做到有的放矢。

20. 强化教师的社会责任意识

对教师进行社会责任意识的培养,使教师认识到作为职业教育工作者的责任与使命,并鼓励教师通过参加社会服务活动,如为企业提供技术咨询、为社区开展职业培训等,在服务社会的过程中实现自身价值与能力的提升,成为具有社会责任意识的职业教育工作者。

综合运用以上教育策略,将使"双师型"教师的素质和能力得到全面提升,为职业教育的蓬勃发展提供坚实的师资保障。在实际操作中,要结合学校的实际情况和教师的需求,对以上策略进行灵活选择和运用,在不断探索和创新的基础上促进"双师型"教师培养工作取得更好的成效。要充分发挥"双师型"教师在教育教学中的重要作用;要加大对"双师型"教师的培养力度,使他们成为能够胜任职业教育教学的教师。

五、"双师型"教师在培养跨界思维中的优势

1. 多元知识结构

"双师型"教师在业务上通晓所学专业的理论与实际运用,并在实践中不断积累多学科交叉的知识。"双师型"教师的跨学科知识是培养跨界思维的有力基础。举个例子,一位机械专业的"双师型"教师可能在电子工程方面的实践经验比较丰富,所以在面对机械与电子结合的创新课题时,能够将两种不同领域的知识迅速融合在一起,并提出新颖的解决办法。

2. 实战经验丰富

实际工作环境中的"双师型"教师,其对实际工作中的痛点、难点、需要了如指掌。这些实践经验使他们在指导学生进行跨界思考时,能够提供真实、鲜活的案例和场景,使学生更好地理解不同领域之间的关联性和融合性。在他们的指导下,同学们能够更加真切地体会到,在不同的情境中理论是怎样运用到实际中去的,理论是怎样创新突破的。

3. 创新能力更强

长期的理论学习和实践探索,使"双师型"教师练就了一股锐气,练就了一股敢闯敢试、敢想敢干的劲头。他们在不同的领域都能敏锐地捕捉到发展的动向和潜在的机遇,在创新尝试上也敢于突破传统思维的束缚,大胆闯出一片天地。他们在教学中

能够向学生传递这种创新的思想，激发学生的创新意识和热情，对学生的创新思维、创新能力进行培养。

4. 沟通协调能力强

沟通协调上，"双师型"教师也有得天独厚的优势。跨界很多时候需要合作，需要跟不同专业、不同背景的人沟通。由于经验丰富，"双师型"教师更懂得如何有效地与不同人群进行沟通与协调，促进不同领域的合作。他们可以在教学中模拟这种跨领域的合作场景，培养学生的团队合作能力和沟通技巧，为学生将来参加跨界性项目做好充分的准备。他们与企业紧密联系，将行业需求和教育教学结合，及时了解行业的最新动态和需求，在教学中融入这些信息，使学生的学习更有针对性和实用性。这对于培养跨界人才，满足市场需求，提高学生的就业竞争力，提高社会适应能力，都是有帮助的。

5. 榜样作用

"双师型"教师本身就是跨界的典型代表。他们对学生的激励与引导起到了很大的正面作用。学生们在他们的启发下更加主动地去钻研不同的领域，进行跨界学习与思考创新等方面的尝试。他们的存在本身就是对学生发展的一道具有启发意义的亮丽风景。

"双师型"教师的多元知识结构，丰富的实践经验、创新能力、沟通协调能力和对产业的敏锐把握，使他们成为促进跨界思维和创新的重要力量，从而给学生开辟了一条通往跨界思维和创新的渠道，使他们能够适应社会的发展和变化，为社会的进步贡献自己的力量，从而更好地适应社会的发展和变化。"双师型"教师的作用随着时代的发展和变化而日益突出，对于引领教育走向更加开放创新和多元的未来具有不可低估的意义，是随着时代前进而不断发展变化的一支不可低估的力量。

第四节
数字化技术的兴起与教育的融合

随着科技的迅猛发展，数字化技术已渗透到社会的各个领域，在教育领域同样也得到了长足发展。数字化技术带来了前所未有的变革，使教育方式更加多样化、灵活化、智能化，这是教育领域的一次革命性突破。

从近几年开始，以数字化技术为特征的信息技术已经在全球范围内得到了广泛的应用，具有高效性、便捷性和智能性的数字化技术为教育的发展和变革奠定了坚实的基础。随着全球化和信息化程度的不断加深，社会对教育的需求也日趋多样化和个性化，这就给数字化技术与教育的融合提供了广阔的发展空间，为数字化技术在教育领域的应用提供了有力的支撑。

教育领域，数字化技术的应用由辅助教学手段逐步转化为引领教育改革的重要力量，各国政府和教育机构纷纷加大对数字化教育的投入和支持，以促进数字化技术与教育的深度融合，进而提高教育质量，促进教育公平，以培养创新人才为目标。因此，在教育领域，数字化技术的应用起着举足轻重的作用。

数字化技术的发展，使教育资源的获取和共享变得更为便捷，效率也得到提高。人们可以利用网络平台获得大量的数字化教育资源，包括电子书籍、在线课程、教学视频题库等，不仅资源数量多而且形式多样，能够实时更新和动态调整，以满足不同学习者的需要。

数字化教育资源的丰富化使师生有更多的学习选择和个性化发展的余地，学生们可以根据自己的兴趣与需要选择适合自己的学习资源与路径，达到个性化学习的目的。数字化教育资源也为促进教师的教学提供了丰富的教学素材与途径，使教师的教学效果与质量得到改善与促进。

一、数字化技术时代的教育趋势

在数字化技术时代，教育教学领域也发生了翻天覆地的变化，呈现出一系列引人注目的革命性变革。

目前虚拟现实技术（VR）在教育领域应用日趋广泛，增强现实技术（AR）也日益普及。利用 VR 和 AR 技术可以给学生创造身临其境的学习环境，使历史事件和科学现象的学习变得极具趣味性和参与性。学生可以在虚拟的实验室里进行危险的化学实验或者在虚拟的历史场景中与古人进行互动。身临其境的体会有助于学生对知识产生更加深刻的认识和记忆。因此，无论 VR 还是 AR 技术在教育领域都有待继续挖掘和开发。

人工智能技术正逐渐成为教育的重要支撑，它能够根据学生学习情况和特点，提供个性化学习方案和指导。机器学习算法对大量的教育数据进行分析，使教师对学生学习进度和问题有更准确的认识，从而进行有针对性的授课。另外，智能考核系统对学生的学习成果进行客观准确的评价，使教师的工作负担得到缓解。大数据技术也起着举足轻重的作用，它通过对学生学习行为数据以及学习成绩等信息进行采集分析，使教育机构对学生的学习模式和需求有更加深入的认识，从而对教学内容和方法进行优化。学校在根据大数据分析的结果进行课程设置调整的同时，也能更好地满足学生的发展需要。总之，人工智能技术在教育领域的应用，对提高教育质量和促进学生全面发展起到了重要的作用。

随着智能手机、平板电脑的大量使用，线上学习越来越热门，学生在任何时间、任何地点都可以获得学习资源，学习不再局限于课堂，不再局限于固定的时间和地点。

移动学习 App 为学习者提供了一个时空范围大大扩展的便捷学习方式。网络教育平台风生水起，大量优质网络课程涌现，使学生跨越地域的限制，在全球范围内选择优秀的教育资源成为可能。这些平台在提供课程内容的同时，还允许学生与老师在线讨论、互动交流，构建了活跃的学习社群。

开放教育资源之风日盛，很多教育机构和个体将自己的教学资源公之于众，为广大学习者提供更为广泛的学习机会和资源。游戏化的教育方式在提高学生学习动力与竞争意识的同时，也使学习的过程更加潜移默化。

各种智能教育硬件不断地推陈出新，随着技术的不断发展而不断改进和完善，如智能学习笔能实时记录学生的书写内容和思考过程，为教师提供更为详尽的学情分析；智能书桌能根据学生的身高和坐姿进行自动调节，给学生创造更舒适的学习环境，从而进一步提高了教育的智能化和个性化水平。

混合式学习模式现在已经成为常态，它是传统的面对面教学和在线学习的结合，学生在课堂上可以与老师、同学进行互动交流，并通过课后在线学习对知识进行巩固和拓展。学习途径更为灵活多样，能满足不同学生的学习风格和需求，因此受到广大师生的普遍欢迎。

目前，人们生活节奏很快，微课堂以及碎片式学习也正好顺应了这一现状。把复杂的知识分解成短小精悍的微课堂，便于学生利用碎片化的时间进行学习，提高了学习效率。由于社交学习网络的日益兴起，学习不再是一个孤立的个体行为了。在社交网络上与其他学习者交流心得、分享经验，能够促进相互成长与进步。这一互动与协作能够使学生开阔视野，激发创新思维。因此，微课堂与碎片式学习对于学生的成长与发展是非常有用的。

进入数字技术时代以来，与教育有关的趋势相互融合、相互促进，在教育方面带来的是前所未有的机遇与挑战。教育者为促进教育质量的提高，培养出与今后社会发展相适应的创新人才，而积极拥抱这些新变化并加以开拓和创造将变得十分必要。随着科学技术的不断进步，教育技术的发展将日趋丰富多彩起来并给教育事业注入新的活力和动力，这是完全可以预见的。随着技术的发展，今后或许还会涌现出许多令人惊喜的教育创新成果，如脑机接口技术在教育教学中将得到进一步的应用；更加身临其境的虚拟学习场景将得到进一步的发展。这些都有望对教育的变革与发展起到推动作用！

此外，在发展量子计算等前沿技术的今天，教育领域的数据处理与分析能力得到了很大的提高，这将极大地促进对学生学习状态的精确把握和对个性化教学的支撑力度。生物科学技术与教育的结合也可能产生新的育人模式，如借助基因检测技术了解学生的学习天赋与潜力，进而有针对性地加以培养等。

教育管理中应用智能化的管理系统，能使学校管理人员对大量教育数据进行有效分析，进而提高教育资源的利用效率，优化课程设置和师资调配等工作。另外，数字化技术还能促进不同国家和地区的教育机构开展教育交流与合作。基于在线平台的不同教育机构之间能共享优质课程和教学资源，从而促进全球教育的国际化发展。但与此同时，随着教育技术的日益发展，我们同样需要重视与之相关的伦理与道德问题，比如如何保证数据与隐私安全，避免技术使用过度对学生身心健康造成负面冲击等。因此，要充分借鉴已有的实践经验并不断探索。为此，在推进技术应用的同时，要建立和完善相应的监管与保障机制，做到心中有数。同时，要加大技术革新力度，建立和完善监管机制。

教育关系到人类未来的发展，是一项重要的事业；而在数字化时代，教育技术的发展趋势则将为我们提供无限的可能。以开放的心态积极行动去拥抱这些变化，不断地进行探索和创新，在技术的帮助下使教育能够更好地服务于每一个学生的成长和发展；培养出更多具有创新精神和实践能力的高素质人才，促进人类文明不断向前迈进；无论是在虚拟世界还是现实世界，教育的实质始终是激发人的潜能，引导人们追求真理与美好；数字化技术将为实现这一使命提供更为强大的工具和途径，从而使人类不断地向前进。把教育从传统的模式中解脱出来，把学生从知识的灌输中解放出来，让他们在技术的帮助下，充分发挥自己的潜能，让他们在虚拟世界也好，现实世界也罢，都能得到更好的发展。

总而言之，在数字化时代，教育技术的发展趋势正把教育带入一个崭新的发展阶段。教师要充分利用发展带来的机遇，努力克服面临的挑战，在数字化的浪潮中让教育焕发新的生机与光彩。同时，我们也应该看到数字化时代带来的一些新问题。

二、教育中的数字化工具与平台

在数字化时代，教育领域涌现出丰富多样的数字化工具和平台，正深刻地改变着教育的面貌和模式，这是随着时代的发展而形成的一种必然趋势。

在线学习平台对教育起着举足轻重的支撑作用，向学生提供大量涵盖各个学科领域的课程资源。学生可根据自己的兴趣爱好和需求，自主选择所需的课程进行学习。比如，MOOC平台汇聚了来自全球顶尖大学的优质课程，使学生有机会接触到世界一流的教育资源。另外，在线学习平台也具有互动交流之功能，使学生可与教师及同好进行网上讨论，互动有问必答，以形成学习社区，促进知识的分享与传播。

虚拟学习环境也是重要的数字化工具之一。利用VR与AR技术，学生在进入沉浸式的学习空间时能够身临其境地体验各种场景与情境，如穿越时空，回到古代文明时期，亲身体验历史事件；又如进行各种虚拟实验操作，提高动手实践能力。虚拟学习环境能极大地增加学习的趣味性和吸引力，对学生产生正面的促进作用。因此，无论是学校还是个人，在数字化时代都要重视虚拟学习环境的运用。

智能辅导系统根据学生的个人学习进度和学习特点，为学生精准制订学习计划和辅导内容，在实时监测学生学习情况的基础上，给予学生及时的反馈与建议，使学生对知识和技能有更好的把握和运用，从而提高学生的学习效果和成绩。智能辅导系统还能为教师提供学生学情分析报告，使教师对学生学习情况有更深入的了解，从而调整教学策略。因此，智能辅导系统在个性化学习中扮演了重要的角色。

教育游戏平台把学习与游戏结合起来，创造了一种全新的寓教于乐的学习方式。通过为学员设计各种有趣的游戏关卡和任务，既提高了学生的学习兴趣和热情，又培养了学员的团队协作精神、解题能力和创新思维。教育游戏平台是学生获取知识的有效途径。也是潜移默化培养学生综合素质的有效手段。

教学管理平台为学校和教师提供方便快捷的管理工具，使教师能够对课程资料、布置作业、组织考试等进行发布和管理。同时，学生在平台上可提交作业、查看成绩以及获取有关课程的通知等。教学管理平台还能实现教学资源的共享，便于教师之间的沟通与协作。另外，平台还能进行资料数据分析，使学校与教师对学生学习状况和教学成绩有更好的认识和了解。基于这些分析数据，学校与教师能对教学策略进行及时的调整。

数字化的工具中也少不了电子教材和数字图书馆。电子教材的优点是便于携带，随时更新，学生可以在任何时间、任何地点通过平板电脑、智能手机等设备来阅读学习。数字图书馆则汇集了大量的电子图书、期刊、论文等资源，为广大的学生和教师提供了丰富的知识宝库，也为学生提供了丰富的知识。学生和教师通过检索功能，提高学习和研究效率，能够迅速地找到所需的资料和信息。

远程教学平台，让教育突破了地域的限制。教师可采用视频直播、录播等方式授课，学生可通过网络在家中或异地学习。远程教学平台还配有保障师生互动、沟通的工具。

数字化评价工具使传统的考试与考核方式得到了很大的改变。在线考试系统可以自动组卷并进行评分统计，大大提高了考试的效率与精确度。再加上对学生学习过程中的各种资料进行收集分析，比如作业完成情况还有上课的出勤情况等，从而对学生的学习情况和综合能力水平有比较全面的了解和认识。

此外，还有一系列专门面向特定学科或研究领域的数字化工具，对学生进行相应学科或研究领域的学习与成长提供有力支持，如编程学习平台与艺术创作软件等。

技术的进步会促使教育中的数字化工具与平台不断出现和发展，带来更多的创新和变化，促进教育质量和效果的提高。但是，在运用这些数字化工具和平台时，同样需要引起一定的重视。首先，要保证数字资源本身的质量与精确性，不能过分依赖技术而忽视教育本身的宗旨；其次，要着重培养学生的信息素养与批判性思维；最后，要合理运用数字化工具和平台进行教学。所以，在教育教学中要充分发挥数字化工具和平台的作用，在技术不断进步的同时，也要注意数字化工具和平台的合理运用。

教育中运用的数字化工具与平台，为学生的学习提供多样化选择，为教师的教学和学校的管理带来了很多便利，为适应时代需求的创新型人才的培养作出积极贡献，促进教育现代化与个性化发展。在引领教育走向更加美好明天的同时，也要关注数字化工具与平台的可持续发展，对它们进行不断优化和升级，以应对不断变化的教育需求与技术环境。因此，在今后，我们要更好地运用数字化工具和平台，使它们在教育中发挥它们应有的作用。为此，对教师和学生进行培训是非常有必要的，这样可以提高他们使用数字化工具和平台的能力，使这些工具和平台时能够发挥最大的作用，从而在教育教学中获得更好的效果。

教育中所应用的数字化工具与平台，在改变教育教学方式和内容的同时，也深刻地影响了教育理念和文化的产生与演变，使大家重新思考教育的目的与途径，促使教育向更多元、个性化的方向发展。要抱着积极、主动、开放的心态去迎接这些变化并持续不断地进行开拓创新，使数字化工具和平台能够为教育事业的发展服务。在全球化的大环境下，数字化工具和平台也带来了国际教育交流与合作的新契机。不同国家和地区的学校和教育机构通过数字化工具和平台来共享优质资源，进行跨国合作，开展学术交流活动，促进全球教育的共同进步。

数字化工具和平台既为教育的发展带来了无限可能，也为教育的发展带来了新的机遇与挑战。要充分认识数字化工具和平台在教育改革和发展中所扮演的角色与所发挥的作用，既要充分利用数字化工具与平台所具备的优势，又要对可能出现的问题加以妥善解决，以求实现教育的高质量发展与培养人才的目标。

教育中的数字化是随着信息技术的发展而日益受到关注的一个领域。这里我们就来深入地谈一下教育中的数字化工具和平台：

1. 个性化教育服务技术

数字化工具和平台能够为具有不同学习特点的学生提供个性化学习资料、制订和执行个性化学习路线。通过对学生学习资料的收集与分析，系统能够识别学生的学习风格、兴趣爱好、能力水平等与学习内容相契合的特征，并为其推荐适合的学习资源与活动，从而使每个学生都能得到与自身需求相适应的个性化学习路径。

2. 协作学习和团队合作的促进

这些工具为学生跨时空开展团队协作提供了环境。学生可以跨时空一起完成项目，一起讨论问题，一起通过数字化平台分享创意，从而培养团队协作能力和沟通技能。这种协同学习的方式可以帮助学生在今后的职场中提高自己的社交技能、协作能力。

3. 教师角色的转变

数字化工具和平台的出现，使教师由传统的知识传授者向引导者、推动者的角色转变。教师在更多关注学生个性化需求和发展的同时，可以利用这些工具设计出更具吸引力的教学活动，激发学生的学习兴趣，还能与学生实时互动，通过网络平台及时反馈、指导。

数字化工具和平台的普及可以缩小城乡、地区之间的教育差距。通过互联网，学生可以获取优质的教育资源，无论他们身处何地。这为那些资源相对匮乏地区的学生提供了更多的学习机会，有助于实现教育公平的目标。

在数字化时代，学习不再局限于学校和课堂。人们可以通过各种在线学习平台随时随地获取知识和技能，实现终身学习的目标。数字化工具和平台为人们提供了便捷的学习途径，使学习成为一种持续的过程。

4. 教育创新的推动

数字技术为教育创新开辟了广阔的空间，使教师和教育工作者能够运用新的教学方式和模式进行教育实验和研究，以促进教育质量的提高。其中比较突出的例子有：以游戏化学习为基础，以课题式学习为手段；以学生自主学习为主体，以教师指导为重点；以培养学生创新思维为着眼点，以培养学生动手能力为重点；在数字化环境中进行教育实验与学习取得较好的效果。因此，可以说数字化技术在教育创新中扮演着举足轻重的角色。

5. 与现实世界的连接

很多结合平台和现实世界应用场景的数字化工具，让学生在学习中体会到与现实生活和职业相关的东西，这是一个非常好的体验。比如学生可以通过编程工具、机器人平台等方式进行编程与科技应用方面的学习；学生可以通过模拟软件进行业务操作、管理等方面的体验。如此联系实际世界，对学生实际操作能力的培养和解题能力的培养都有很大的帮助。

数字化工具和平台使家长能够更密切地参与孩子的学习过程，增强了家长参与度。家长可以通过在线平台了解孩子的学习进度、作业情况，并与教师进行沟通和交流。这有助于家长更好地支持孩子的学习，加强家校合作。数据驱动的决策数字化工具和平台生成的大量数据为教育决策提供了依据，学校和教育机构可以通过分析这些数据，了解学生的学习情况、教学效果和资源利用情况，从而做出更明智的决策，优化教育教学过程。

6. 应对未来的挑战

科技日新月异的发展改变着人们的工作和生活，这就要求人们必须具备更高的数字化能力，以应对今后的挑战。教育领域所运用的数字化工具和平台能为学生提供适应今后社会的各种技能和素养，例如数字阅读能力、信息检索能力、批判性思考能力和创新意识等。

综上所述，数字化工具和平台在提高个性化学习、协作性学习、师生角色转换，促进教育公平公正，提高终身学习能力，连接虚拟现实世界，家长参与和数据驱动决策等方面都能起到很大的作用。在推广和应用这些数字化工具和平台的时候，也要注意对其的合理运用，做到技术与教育的有机结合，这样才能促进教育教学工作取得更好的效果。

三、数字技术对教育内容与方法的影响

在数字化时代，数字技术正以前所未有的速度和规模改变着教育的方方面面。数字技术对教育内容和方法产生了深远的影响，为教育带来了新的机遇和挑战。

1. 丰富教育内容

数字技术使教育内容的呈现形式得到了极大的丰富，过去以文字、图片、少量视频等形式为主的教育内容现在可以以更生动直观的方式呈现给学生，例如利用 AR 和 VR 技术给学生创造身临其境的学习体验。另外，数字技术还能将抽象的概念和复杂的过程以动画模拟的形式展示出来，帮助学生对知识有更好的认识和把握。数字技术也为教育内容的获取提供了一个更为便捷的途径。综合起来，在数字技术的帮助下，教育内容在形式和内涵上都有了很大的提高。通过互联网，学生能轻松地从世界各地获得优质教育资源，如课程录像、电子书籍、学术论文等。学生的学习范围不再局限于课堂与教材。学生能根据自己的兴趣与需求，自主选择学习内容，使自己的知识面得到进一步拓展。

2. 变革教育方法

教育方法的变革也是由数字技术的应用所带动的。以教师讲授为主的传统教育方式，是被动地让学生接受知识的教育方式。而数码科技的出现，让学生自主学习的机会更多了，探究的机会也更多了。例如，在线学习平台可以为学生提供个性化的学习方案和辅导，针对学生的学习情况和特点，帮助学生更好地掌握所学知识。数字技术也推动了合作学习、探索学习等方面的发展。学生可以通过网络与来自不同地区的学生进行合作学习与交流，一起解决问题，共同完成课题。这种合作学习、探究学习的方式，既能培养学生团队协作、沟通交流的能力，又能提高学生创新思维、解决问题的本领。

3. 提高教育效率

以智能辅导系统为基础的数字技术的应用能够为教育的提高带来巨大的好处。它可以根据学生的学习情况和问题提供实时的反馈与指导，提高学生的学习效率；通过资源的共享与最优化利用来减少教育资源的浪费。数字技术还能提高教师与学生的互动性，提供学习上的辅助与支持等。因此，可以说数字技术的应用对于提高教育的效率和效果起着举足轻重的作用。

4. 促进教育公平

数字技术的普及有利于促进教育的均等化，使地处偏远地区的学生也能够获得优

质的教育资源，缩小了城乡之间教育水平的差距。另外，数字技术还为特殊教育的学生提供个性化的教育服务，从满足特殊需求出发，使他们的受教育程度得到进一步的提高。因此，以数字技术为基础的现代教育理念的贯彻落实，是促进教育公平的重要途径之一。

5. 面临的挑战

应用数字技术于教育领域也面临着一定的困难或挑战，主要有两点。一是，数字技术在部分地区和学校实施起来可能需要一定的技术支持，设备保障具有挑战性。二是，由于数字技术在教育中的运用需要教师具备一定的信息技术素养和授课能力，因此可能对某些教师形成一定的冲击。另外，数字技术在教育中的运用也可能产生一定的负面效应，如学生对网络的使用不当造成沉迷于网络以及信息泄露等问题。

在如今的教学环境中，数字技术对教育产生了极其深远的影响，它为教育带来的是新的机遇与挑战，同时也对教育的变革与发展起到了推动作用。要充分发挥数字技术在教育中所具备的优势，以促进学生学习有质有量，为学生提供个性化教育服务。另外也应重视数字技术应用所带来的问题并加以解决，以保障数字技术应用的良性发展与平稳进行。因此，要积极探索，不断完善。

以下是关于数字技术对教育内容与方法影响的更多内容：

1. 个性化学习

数字技术使教育更趋向于个性化。教师通过收集学生学习数据，如学习进度表上的进步情况、兴趣爱好、学习风格等，针对每个学生的不同特点和学习需求，为其定制个性化的学习内容和辅导方案。自适应学习系统根据学生学习情况自动对学习内容和难易程度进行相应性调整，保证每个学生都能学有所得。因此，数字技术在教育中扮演着重要的角色，它可以使个性化教育落到实处。

2. 全球化学习资源

数字技术打破了时间和空间的限制，使学生能够获取来自全球各地的优质教育资源。通过在线课程、远程教育平台和跨国合作项目，学生可以与不同国家和文化背景的学生进行交流和合作，拓宽视野，培养跨文化交流能力。

3. 创造性和批判性思维培养

数字技术为培养学生的创造性和批判性思维提供了更多的机会，如编程艺术与设计领域所运用的工具和软件，以鼓励学生发挥自己的创造力，增强分析问题、解决问题的能力。同时，数字技术也加速了信息的获取与分析过程，以培养学生具有批判性思维和信息素养，这是随着数字技术发展而日益受到重视的。

4. 合作学习和团队协作

数字技术支持合作学习和团队协作。通过在线平台和协作工具，学生可以在虚拟团队中共同完成项目、讨论问题和分享成果。这种合作学习的方式有助于培养学生的团队协作能力、沟通能力和领导能力。

5. 实践和体验式学习

数字技术为学生提供了更多的实践和体验式学习的机会。例如，虚拟实验室、模拟器和现实世界的应用场景，让学生在安全的环境中进行实践操作，提高实际动手能力和问题解决能力。

6. 自主学习和终身学习

数字技术培养了学生的自主学习能力和终身学习意识。学生可以利用在线资源自主探索知识，制订自己的学习计划，并在一生中不断地学习和更新知识。

7. 挑战与应对

数字技术在带来很多好处的同时，也面临着诸多挑战。例如，数字鸿沟仍然存在，学生通过数字技术获益的水平存在巨大的差距。另外，教师自身也应增强数字素养和教学能力，以有效运用包括数字技术在内的各种教学手段进行授课。同时，学生的数字卫生安全也不容忽视。总之，对于数字技术的应用要有一个全面的认识，既要重视它带来的优势，也不能忽视它可能带来的种种问题。

8. 未来发展趋势

数字技术的日益进步，将使教育得到进一步的深化改革。随着 AI 技术被越来越广泛地应用到教育教学领域，将会有更多的以大数据为基础的个性化智能辅导系统出现。另外，对于教育数据的深入挖掘和分析也必将会为教学决策提供更有力的基础与支撑。最后，智能安防系统会和教育教学融为一体。

在如今的教育发展中，数字技术为教育带来了丰富的内容、创新的方法和更多的学习机会。它促进了个性化学习、全球化交流、实践能力培养和终身学习的发展。然而，在推广和应用数字技术的过程中，我们需要充分考虑到可能面临的挑战，并采取相应的措施来确保教育的公平性、质量和可持续性。通过合理利用数字技术，我们可以为学生提供更好的教育，培养适应未来社会需求的创新型人才。

第二章
"双师型"教师的内涵研究与数字环境的融合

第一节
"双师型"教师内涵本质的研究——跨界的结构

一、定义"双师型"教师的跨界属性

在当今教育体系中,"双师型"教师成为一个备受关注的重要角色。"双师型"教师的独特之处在于其鲜明的跨界属性,这种跨界属性赋予了他们在教育领域中独特的地位和价值。

"双师型"教师不仅对本专业的理论知识有着深入的理解和掌握,他们还拥有丰富的实践知识。这种知识的跨界使他们能够在传授理论的同时,将实际工作中的经验、案例和技能融入教学之中。他们可以跨越学术的藩篱,以真实的案例和场景来阐释抽象的理论,让学生更直观地理解知识的应用。例如,一位机械专业的"双师型"教师,他既能够深入浅出地讲解机械原理等理论知识,又能结合自己在工厂实践中遇到的实际问题和解决方法,让学生明白知识如何转化为实际的生产力。这种知识的跨界让教学变得更加生动、鲜活且具有实用性。

从角色的角度来看,"双师型"教师既是传统意义上的教师,又承担着传道授业解惑的责任。他们不仅精心设计教学内容、组织教学活动、评价学生学习成果,还能够以师傅的身份给予学生实际操作的指导和建议。他们在这两种角色之间自由切换,根据不同的教学情境和学生需求,灵活地调整自己的角色定位。在课堂上,他们是知识的传授者;而在实践场所,他们又化身为经验丰富的导师,引导学生在实际操作中提

升技能、积累经验。这种角色的跨界使他们能够全面地培养学生，既注重理论素养的提升，又强调实践能力的锻炼。

"双师型"教师的另一个重要特征是他们具备卓越的教学能力，能够运用多样化的教学方法和手段，激发学生的学习兴趣和积极性，让学生在轻松愉快的氛围中掌握知识。同时，他们还拥有过硬的专业实践能力，包括实际操作技能、解决问题的能力、创新能力等。这种能力的跨界让他们能够将教学与实践紧密结合，通过项目式教学等方式，让学生在实际项目中锻炼各种能力。他们可以把自己在实践中积累的解决问题的思路和方法传授给学生，帮助学生培养实际工作所需的能力素质。"双师型"教师还具有较强的沟通协调能力，他们能够在学校与企业之间架起桥梁，促进双方的合作与交流，实现资源的共享和优势的互补。

在行业方面，"双师型"教师不仅深耕于教育领域，他们还熟悉教育的规律和特点，并且对相关行业有着深入的了解和认识。他们知晓行业的发展趋势、技术更新、市场需求等重要信息，能够将这些行业动态及时地融入教学内容之中。他们可以带领学生走进企业，让学生亲身感受行业的实际运作情况，从而更好地适应未来的职业发展。这种行业的跨界使他们成了连接教育与行业的关键纽带，为培养适应社会需求的高素质人才发挥重要作用。他们能根据行业的变化及时调整教学内容和方法，确保学生所学的知识和技能始终与行业需求保持同步。

在教育与职场的跨界方面，"双师型"教师能将教育的理念和方法运用到职场培训和指导中，为企业员工提供专业的培训和提升机会。他们也能将职场中的一些管理理念和方法引入教学管理中，提升教学管理的效率和质量。比如，借鉴企业的项目管理模式来组织教学项目，让学生在学习过程中体验到职场的紧张和挑战。他们还能在职场和教育之间进行经验和资源的交流与共享，为双方的发展提供有力的支持。在职场中积累的案例和经验可以成为教学的宝贵素材，而在教育中培养的创新思维和团队合作精神也可以为职场注入新的活力。

"双师型"教师的跨界属性还体现在他们的思维方式和视野上。他们既有学术思维的严谨和深刻，又有实践思维的灵活和务实。他们能够从不同的角度看待问题和解决问题，为学生提供多元化的思考方式和问题解决途径。这种跨界的思维方式让他们在面对复杂问题时能够迅速找到切入点，并提出有效的解决方案。他们的视野也不仅局限于校园内，而是涵盖了整个行业和社会。他们关注行业的最新动态和发展趋势，关注社会对人才的需求和期望，从而能够更好地调整自己的教学方向和重点。

总的来说，"双师型"教师的跨界属性是其独特价值的重要体现。这种跨界属性使他们成为教育领域中的创新者和引领者，为培养具有创新精神和实践能力的高素质人才发挥着不可替代的作用。他们打破了传统教育中理论与实践、学校与企业、教育与职场之间的壁垒，实现了知识、角色、能力、行业等多方面的跨界融合。在当今社会对人才需求日益多元化和综合化的背景下，"双师型"教师的跨界属性显得尤为重要。他们为学生提供了更广阔的发展空间和更多的机会，帮助学生更好地适应社会的发展和变化。随着时代的发展和进步，"双师型"教师的跨界属性将不断得到深化和拓展，他们将在教育改革和发展中发挥更加重要的作用，为培养适应新时代要求的优秀人才贡献更大的力量。

未来我们应进一步加强对"双师型"教师的培养和支持，为他们创造更好的发展环境和条件。学校应积极与企业合作，为教师提供更多的实践机会和平台，让他们能够不断提升自己的实践能力和行业认知水平。社会各界也应给予"双师型"教师更多的关注和认可，鼓励他们在教育教学中大胆创新、积极探索。只有这样，我们才能充分发挥"双师型"教师的跨界优势，推动教育事业的蓬勃发展，为社会培养出更多优秀的人才。

二、教育与行业技能的结合

在当今社会，教育与行业技能的结合已成为推动个人发展与社会进步的关键力量。这种结合具有深远的意义和价值，影响着我们生活的方方面面。

教育是人类文明传承和发展的重要途径。通过系统的教育，我们获得了知识、价值观、思维方式和社会交往能力。它为我们奠定了坚实的基础，让我们能够以更加理性和成熟的视角去看待世界。从小学的基础教育到高等教育的专业深造，教育不断拓展着我们的认知边界，激发着我们的潜力。然而，仅有教育是不够的。

行业技能则是将教育转化为实际生产力的桥梁。不同的行业有着各自独特的技能要求，这些技能是在具体工作场景中得以运用和提升的。例如，在制造业中，熟练掌握机械操作、工艺设计等技能至关重要；在信息技术领域，编程、网络安全等技能是立足之本；在医疗行业，精湛的医疗技术和对患者的关怀与护理能力不可或缺。行业技能让我们能够在特定的领域中发挥作用，为社会创造价值。

当教育与行业技能紧密结合时，便产生了奇妙的化学反应。一方面，教育为掌握行业技能提供了理论指导和思维框架。我们通过教育获得知识和逻辑思维能力，从而更好地理解和掌握行业技能背后的原理和规律。以工程学为例，扎实的物理学和数学基础能够帮助工程师更好地设计和构建复杂的工程项目。另一方面，行业技能的实践又反过来促进了对教育知识的深化理解和灵活运用。在实际工作中遇到的问题和挑战促使我们回到教育的源头去寻找解决方案，从而进一步巩固和拓展我们的知识体系。

教育与行业技能的结合对于个人的职业发展具有决定性的影响。具备全面教育背景和精湛行业技能的人，在就业市场上具有更强的竞争力。他们能够快速适应不同的工作环境和任务要求，展现出较高的综合素质。不仅如此，这种结合还为个人的职业晋升和发展提供了广阔的空间。随着科技的不断进步和行业的快速变革，只有不断学习和更新教育与行业技能，才能跟上时代的步伐，保持职业的活力和优势。

从社会层面来看，教育与行业技能的结合对于推动经济发展和社会进步也起着至关重要的作用。一个拥有大量高素质、高技能人才的社会，能够在全球竞争中脱颖而出。这些人才不仅能创造更多的财富和价值，还能推动科技创新、产业升级和社会服务的优化。在当今知识经济时代，教育与行业技能的结合已成为国家和地区发展的核心竞争力。

为了实现教育与行业技能的有效结合，教育机构应注重课程设置的实用性和前瞻性，加强与企业和行业的合作，引入实际项目和案例教学，让学生在学习过程中就能接触到真实的行业场景。企业也应积极参与人才培养，提供实习、培训和导师指导等机会，帮助学生更好地将教育知识转化为实际技能。

政府可以通过制定政策、投入资源等方式，促进教育与行业技能的融合发展。举例来说，政府可以加大对职业教育和技能培训的支持力度，鼓励企业与学校开展合作办学，建立产学研一体化的创新平台等。社会各界也应营造良好的氛围，鼓励人们不断学习和提升自己的教育与行业技能水平。

随着时代的发展和技术的进步，教育内容和行业技能要求也在不断变化。我们需要建立起灵活的教育和培训体系，能够及时跟上这些变化，为人们提供持续更新的知识和技能。与此同时，我们也要注重培养人们的终身学习意识和自主学习能力，让他们能够在不同的人生阶段主动寻求教育与行业技能的提升。

由此可知，教育与行业技能的结合是实现个人成长和社会发展的必由之路。它不仅关系到我们每个人的未来，也关系到整个社会的繁荣与进步。我们应该充分认识其重要性，积极采取行动，推动教育与行业技能的深度融合。

三、跨学科教学方法的应用

在当今教育领域，跨学科教学方法正逐渐成为一种重要且富有活力的教学模式。它不仅打破了传统学科之间的界限，还为学生提供了更全面、深入和综合的学习体验。

跨学科教学的核心在于将不同学科的知识、技能和思维方式有机地融合在一起，从而解决现实生活中的复杂问题或探讨综合性的主题。例如，在研究气候变化时，就需要综合运用地理、气象学、化学、生物学甚至经济学等多学科的知识。通过这种方式，学生能够更好地理解事物之间的内在联系，培养综合分析和解决问题的能力。

在实际教学中，有多种教学方式可以应用跨学科教学方法，主题式教学是常见的一种。教师可以选取一个具有广泛涵盖性的主题，如"城市发展"，然后引导学生从历史、地理、社会科学、艺术等多个角度去研究和理解。学生们可以分组进行不同学科的探究，最后整合成果进行汇报和交流。这样的过程不仅让学生深入掌握了各个学科的具体内容，更重要的是培养了他们的合作能力和综合思维。项目式学习也是跨学科教学的有力手段。设定一个项目,如"制作一个可持续社区模型",学生需要调动数学、科学、工程、人文等多方面的知识和技能。在项目实施过程中,他们会面临各种挑战和问题,而解决这些问题需要运用跨学科的智慧。这种亲身实践的过程让学生深刻体会到知识的实际应用价值。案例分析同样适用。选取具有多学科背景的典型案例,如一个成功的商业创新案例,涉及市场营销、管理、技术等方面,学生通过对案例的深入剖析,了解不同学科在实际情境中的作用和相互关系。

我们还可以开展跨学科的实践活动,比如组织学生进行野外生态考察,这需要他们运用生物学、地理学、环境科学等知识去观察、记录和分析;举办跨学科的竞赛,鼓励学生展示他们在多个学科领域的才能和创新思维。

跨学科教学方法的应用对学生而言,有助于拓宽知识视野,打破学科壁垒,让他们认识到知识是相互关联的整体。这种综合的学习方式能够激发学生的学习兴趣和主动性,培养他们的创新能力和批判性思维,有助于提高学生的综合素质和适应未来社会发展的能力。从教师角度来看,跨学科教学要求教师具备更广泛的知识储备和跨学科的教学能力,这促使教师不断学习和提升自己,加强与其他学科教师的合作与交流。在学校层面,跨学科教学可以推动课程改革和创新,营造一种鼓励探索和创新的教学氛围,这有利于培养全面发展的学生,提升学校的教育质量和竞争力。

然而,跨学科教学方法的应用也面临一些挑战。首先是教师能力的提升。很多教师习惯了传统的单学科教学模式,要适应跨学科教学需要投入大量的时间和精力进行学习和转变。学校需要为教师提供相应的培训和支持。其次是课程设计和资源整合的难度。跨学科教学需要精心设计课程内容和教学活动,合理调配各学科资源,这需要学校管理层和教师团队的共同努力。最后,评价体系也需要相应调整。传统的学科评价方式可能不完全适用于跨学科教学,需要建立更全面、综合的评价机制来准确评估学生的学习成果和能力发展。

为了更好地推进跨学科教学方法的应用,我们可以采取以下措施:

学校要加强教师培训,鼓励不同学科教师进行交流与合作,共同开发跨学科课程和教学项目。在课程设计上,要注重整体性和连贯性,明确跨学科教学的目标和重点。充分利用现代教育技术和资源,为跨学科教学提供有力支持。建立多元化的评价体系,包括对学生跨学科知识掌握、综合能力表现以及团队合作等方面的评价。社会各界也应该为跨学科教学提供支持和资源,如邀请专家学者参与教学活动,提供实践基地等。

综上所述,我们可以发现跨学科教学方法的应用是教育改革和发展的必然趋势。它为学生提供了更广阔的发展空间,有助于培养适应时代需求的创新型人才。尽管面临一些挑战,但只要我们充分认识到其重要性,积极采取措施加以推进,跨学科教学必将在教育领域发挥更大的作用,为学生的成长和社会的进步作出重要贡献。

第二节
"双师型"教师概念的发展与数字技术的影响

一、历史发展概述

"双师型"教师这一称谓，在教育领域，特别是职业教育领域，已经逐渐崭露头角并占据重要地位。其概念源自对职业教育教师能力结构的独特要求，即教师不仅应具备扎实的理论教学能力，还需拥有丰富的实践经验，以指导学生进行实践操作，从而实现理论与实践的有机结合。以下将对"双师型"教师概念的历史发展进行概述。

"双师型"教师概念的提出，可追溯至20世纪80年代。当时，我国的高等职业教育正处于起步阶段，为了提高学生的实际操作能力，一些职业院校开始尝试引进具有实际工作经验的教师。这些教师不仅具备深厚的理论知识，而且能够凭借自身的实践经验指导学生进行实践操作，受到了广泛的好评。这一实践探索为"双师型"教师概念的提出奠定了坚实的基础。

随着高等职业教育的不断发展，"双师型"教师的地位和作用逐渐凸显。1995年，《国家教委关于开展建设示范性职业大学工作的通知》中首次将"双师型"教师从学术概念提升为政策概念，强调了教师在职业教育中的重要性和特殊性。随后，在1998年，国家教委出台的《面向二十一世纪深化职业教育改革的原则意见》中，"双师型"教师队伍建设正式被确立为一项政策内容。

进入21世纪，我国对于"双师型"教师队伍建设的重视程度不断提高。2006年，教育部出台的《关于全面提高高等职业教育教学质量的若干意见》明确提出，要逐步建立"双师型"教师资格认证体系，研究制定高等职业院校教师任职标准和准入制度。这一政策的出台，标志着"双师型"教师队伍建设已经演变为一项重要的政策内容，并开始在全国范围内推广并实施。

近年来，随着职业教育的快速发展和改革创新的不断推进，"双师型"教师队伍建设也取得了显著成效。一方面，各级政府和教育部门加大了对"双师型"教师的培养和引进力度，通过实施一系列政策措施，鼓励和支持教师参加企业实践、接受专业培训、考取相关职业资格证书等，以提高其实践教学能力。另一方面，职业院校也积极推进教育教学改革，优化课程设置和教学方法，以适应"双师型"教师的教学模式和教学需求。

未来，"双师型"教师队伍建设将继续在职业教育领域发挥重要作用。随着产业结构的升级和技术的不断进步，职业教育对教师的要求也越来越高。所以我们需要进一步加强"双师型"教师的培养和引进工作,完善其资格认证和评价体系,提高其社会地位和待遇水平,以吸引更多优秀人才投身于职业教育事业。

"双师型"教师概念的提出和发展是我国职业教育领域的一项重要创新成果。通过不断完善政策体系和加强实践探索,我们相信"双师型"教师将在推动职业教育高质量发展方面发挥更加重要的作用。

数字技术,作为一种新兴的技术手段,正在深刻地改变着人们的生活方式和教育形态。从早期的计算机辅助教学,到如今的在线教育、AR教学等,数字技术的应用领域不断扩展,为教育带来了前所未有的变革。它突破了传统教育的时空限制,使优质教育资源得以更广泛地传播和共享。与此同时,数字技术也极大地丰富了教学手段和方式。通过数字化工具和平台,教师可以更加灵活地设计教学内容和方法,激发学生的学习兴趣和积极性;学生则可以根据自己的学习需求和兴趣点,选择适合自己的学习方式和节奏。

一方面,"双师型"教师需要借助数字技术来丰富教学手段和提升教学效果;另一方面,数字技术也需要"双师型"教师的深入应用和实践,才能充分发挥其潜力。未来,我们可以预见一个更加智能化、个性化的教育环境,其中"双师型"教师将发挥更加重要的作用,而数字技术也将为教育提供更加有力的支持。"双师型"教师和数字技术的历史发展是教育领域不可忽视的两个重要因素。它们相互促进、相互补充,共同推动着教育的创新与发展。往后我们应该继续加强对"双师型"教师和数字技术的培养与应用,以打造更加优质的教育环境,培养更多具有创新精神和实践能力的人才。"双师型"教师和数字技术的发展历史展示了教育领域中创新力量的不断涌现。二者在教育领域中的融合与发展,为提升教育质量、推动教育创新提供了强大的支持。

随着科技的不断进步和教育改革的深入推进,"双师型"教师和数字技术将继续发挥重要作用。我们期待看到更多优秀的"双师型"教师利用数字技术,为教育事业的发展贡献自己的力量,也期待数字技术能够不断突破创新,为教育领域带来更多的变革和机遇。

二、数字时代教师角色的演变

随着科技的快速发展,我们逐渐步入了数字化时代。在这个时代,教育领域正在经历着一场深刻的变革。教师是教育活动的核心,他们的角色在数字化时代也在不断地演变和发展。我们将概述数字时代教师角色的演变过程,以及这种演变对教育和教师自身所带来的影响。

在传统的教学环境中,教师通常扮演着知识传授者的角色,他们负责将书本上的知识传授给学生,通过课堂讲解、布置作业和考试等方式来检验学生的学习效果。教师拥有较高的权威地位,他们的教学方式和方法往往受到学生的尊重和信任。在数字化时代，教师不再是唯一的知识传播者。学生可以通过互联网等渠道获取大量的信息和知识，教师的角色逐渐从单纯的知识传授者转变为学习引导者。他们需要帮助学生筛选和整理信息，引导学生形成自己的知识体系，培养学生的创新思维和批判性思维。数字化时代的教育强调终身学习，教师也需要不断地更新自己的知识和技能。因此，教师的角色也逐渐转变为学习者。他们需要积极参加各种培训和学习活动，提升自己的专业素养和教育能力，以应对教育变革带来的挑战。

1. 从知识传授者到学习引导者

在数字时代，学生可以通过互联网、在线课程、数字图书馆等多种途径获取所需的知识。教师的角色逐渐从单纯的知识传授者转变为学习引导者。他们需要引导学生学会如何筛选和整合信息，培养他们的自主学习能力和创新思维。

2. 从权威者到合作伙伴

随着学生获取信息途径的增多，他们在某些领域的知识储备可能超过教师，这使教师不再是唯一的知识权威。相反，教师需要与学生建立平等的合作关系，共同探讨和解决问题。这种合作伙伴关系的建立有助于培养学生的批判性思维和团队协作能力。

3. 从课堂管理者到学习环境设计者

数字时代的教育环境不再局限于传统的教室，教师需要充分利用各种数字化工具和平台，为学生创造一个充满活力和创新的学习环境。这包括设计富有吸引力的在线课程、利用AR技术模拟真实场景、组织线上线下的互动活动等。

数字技术的应用使教育过程更加高效、便捷；教师可以利用多媒体教学、在线作业批改等工具，提高教学效率；通过数据分析，教师可以更好地了解学生的学习情况，及时调整教学策略，从而提升教学质量。

数字技术使学习变得更加有趣和生动。教师可以通过互动式教学、游戏化教学等方式，激发学生的学习兴趣和积极性。数字技术也为学生提供了更多的学习资源和途径，使学习更加自主和灵活。数字技术的普及使优质教育资源得以共享。教师可以通过在线教育平台、远程教育等方式，将优质教育资源传播到更广泛的地域和人群中，促进教育公平和普及。

数字时代，教师角色的演变也带来了一系列挑战：教师需要不断更新知识和技能，以适应快速发展的数字技术；也需要关注数字技术的负面影响，如信息过载、网络安全等问题。所以，教师需要不断学习和提高自己的专业素养，以更好地适应数字时代的教育需求。

数字时代，教师通过利用数字技术，可以更好地实现因材施教，提高教学效果和增加学生的学习兴趣。教师角色的演变也促进了教育的开放性和互动性，为学生的学习和发展提供了更多的机会和空间。数字时代，教师角色的演变对教师自身的素质和能力提出了更高的要求。教师需要不断适应新的教学方式和角色定位，积极应对变革带来的挑战和机遇。

数字时代，教师角色的演变是教育发展的必然趋势。在这个过程中，教师需要积极适应变革，不断提升自己的专业素养和教育能力，以更好地履行教育使命，推动教育的现代化和个性化发展。同时，社会和教育部门也需要为教师提供必要的支持和保障，为他们的职业发展创造更好的条件和环境。

三、技术进步对"双师型"教师需求的影响

技术进步已深入社会的各个领域，对教育行业产生了深远的影响。其中，"双师型"教师作为具备丰富理论知识和实践技能的特殊教师群体，其需求在技术进步的大背景下也受到了显著的影响。教师，作为教育活动的核心角色，其职责、技能和角色定位也随之发生了变化。特别是"双师型"教师，他们既需要拥有扎实的学科专业知识，又需要掌握先进的教育技术，以适应不断变化的教育环境。下面将从多个维度探讨技术进步对"双师型"教师需求的影响。

在信息化、智能化的教育环境下，学生获取知识的途径更加多元化，他们往往需要对知识进行跨学科的融合和应用。因此，"双师型"教师需要具备跨学科的知识背景和整合能力，以应对学生的多元化需求。技术的进步不仅改变了教学方式，也推动了教育理念的更新。"双师型"教师需要深入理解技术的本质和特点，将其与教育教学紧密结合，创新教学方式方法，提高教育教学的质量和效果。

技术进步带来了教育工具和方法的革新，使"双师型"教师能够更好地发挥他们的优势。通过多媒体教学、在线课程平台等现代教学手段，教师可以更直观地展示理论知识，并结合实际操作视频或模拟软件，帮助学生更好地理解和掌握实践技能。这种教学方式大大提高了教学效果，增强了学生的学习体验，进一步凸显了"双师型"教师的价值。

随着新兴产业的不断涌现和技术的更新换代，对于具备跨界知识和技能的"双师型"教师的需求也在不断增长。例如，在人工智能、大数据等新兴领域，需要既具备专业理论知识，又能指导学生进行实践操作的"双师型"教师。由此可见，技术进步为"双师型"教师提供了更广阔的发展空间。

为了适应技术进步带来的教育变革，越来越多的学校和教育机构开始重视"双师型"教师队伍的建设和发展。他们通过培训、引进等方式，促使教师不断提高专业素养和实践能力，以满足社会对"双师型"教师的需求。学校还通过优化师资配置、建立激励机制等方式，激发教师的工作积极性和创新能力，推动"双师型"教师队伍的持续壮大和优化。

技术进步促进了"双师型"教师的专业发展。一方面，教师可以通过参加技术培训、在线课程等方式，不断更新自己的知识和技能，以适应技术的快速发展。另一方

面，教师可以通过参与科研项目、开发教学资源等方式，将自己的实践经验与理论知识相结合，形成独特的教学风格和教学方法，进一步提升自己的教学水平和专业素养。

技术进步不仅提升了"双师型"教师的教育效果，拓展了他们的教学领域，还促进了他们的专业发展。在未来的教育领域中，"双师型"教师将扮演越来越重要的角色。通过改变教学方式和手段，教师能够利用先进的技术工具提高教学效果。与此同时，技术进步也对教师的角色和职责提出了新的要求，促使教师不断提升自己的专业素养和实践能力。在这样的背景下，"双师型"教师以其独特的优势，成为满足现代教育需求的重要力量。他们还需要积极探索新的教学方法和手段，以更好地满足学生的需求和社会的期望。随着技术的进步，我们也需要重新审视和定义"双师型"教师的内涵和角色。除了具备理论知识和实践技能，"双师型"教师还需要具备创新思维、跨学科融合等能力，以适应未来教育的需求和发展趋势。

技术进步对"双师型"教师需求的影响是一个值得深入研究和探讨的课题。我们需要从多个角度和层面来分析和理解这种影响，并积极采取措施应对和适应这种变化。我们也需要不断推动教育行业的创新和发展，为培养更多优秀的"双师型"教师创造更好的环境和条件。

第三节
"双师型"教师内涵的界定与数字工具的应用

一、"双师型"教师职能的现代解释

在当今教育领域，"双师型"教师的概念日益受到重视。"双师型"教师不仅具备扎实的专业理论知识，还拥有丰富的实践经验和技能，对于推动教育质量的提升和人才培养模式的创新具有至关重要的意义。

从现代的视角来看，"双师型"教师的首要职能是教学的融合与创新。他们能够将理论教学与实践教学紧密结合，不再是单纯地传授书本知识，而是通过自身的实践经验，让学生更直观地理解理论如何在实际中应用。比如在工科专业中，"双师型"教师可以一边讲解工程原理，一边分享在实际工程项目中遇到的问题及对应的解决方法，使学生对知识的理解更加深入和全面。

实践指导是"双师型"教师的另一大关键职能。他们能够带领学生进行实际操作、实验和实习，手把手地教学生掌握专业技能。在这个过程中，"双师型"教师不仅传授技能本身，更注重培养学生的实践思维、解决问题的能力和创新意识。他们可以根据

学生的实际操作情况，及时给予反馈和建议，帮助学生不断改进和提高。

"双师型"教师深知行业对人才职业素养的要求，能够通过言传身教，让学生明白职业道德、团队合作、沟通协调等素养的重要性。通过讲述自己在行业中的经历和故事，"双师型"教师让学生提前了解职场的真实情况，为他们未来进入社会做好充分的心理准备。

在课程开发方面，"双师型"教师具有独特的优势。他们能够根据行业的最新发展和需求，结合自身的实践经验，参与开发具有针对性和实用性的课程。这些课程往往更贴近实际工作场景，能更好地满足学生未来就业的需要。他们也能够根据学生的特点和反馈，不断优化课程内容和教学方法。

行业联系与合作也是"双师型"教师职能的重要体现。他们凭借自身在行业内的人脉和资源，为学校与企业搭建沟通的桥梁。他们促进学校与企业开展合作项目，如联合培养学生、共建实习基地等，为学生提供更多的实践机会和就业渠道。同时，他们能够及时将行业的最新信息和动态带入校园，让教学始终保持与时俱进。

"双师型"教师对于学生的职业规划指导基于对行业的深入了解。他们可以根据每个学生的特点和兴趣，提供个性化的职业规划建议；帮助学生明确自己的职业发展方向，制订合理的发展路径，避免学生在未来的职业选择中盲目摸索。

总的来说，现代意义上的"双师型"教师，其职能是多方面且相辅相成的。他们既是优秀的教学者，也是学生实践的引路人；既是职业素养的培育者，也是课程创新的推动者；既是学校与行业的联络人，也是学生职业规划的指导者。他们的存在对于培养适应现代社会发展需求的高素质人才具有不可估量的作用。我们应当高度重视"双师型"教师队伍的建设和培养，为教育事业的发展注入新的活力和动力，以更好地适应时代的变革和挑战。只有这样，我们才能真正培养出具有创新精神、实践能力和职业素养的优秀人才，为社会的进步和发展作出更大的贡献。

二、教学中数字工具的使用

数字工具在"双师型"教师的教学中具有重要的应用价值。数字工具包括：

在线教学平台："双师型"教师可以利用在线教学平台，如 Moodle、Blackboard 等，发布教学资源、组织教学活动和进行教学评价等。这些平台可以提供丰富的教学功能，如在线测试、讨论区、作业提交等，方便教师与学生进行互动和交流。

虚拟实验室：虚拟实验室是一种利用 VR 技术创建的实验室环境。"双师型"教师可以利用虚拟实验室，为学生提供逼真的实验体验。学生可以在虚拟实验室中进行实验操作、观察实验现象、记录实验数据等，提高实践能力和创新能力。

数字资源库：数字资源库是一种收集和整理数字资源的平台。"双师型"教师可以利用数字资源库，如知网、万方等，获取丰富的教学资源，如论文、案例、视频等。这些资源可以为教师的教学提供参考和支持，也可以为学生的自主学习提供帮助。

社交媒体：社交媒体是一种广泛使用的数字工具。"双师型"教师可以利用社交媒体，如微信、微博等，与学生进行互动和交流。教师可以发布教学信息、解答学生的问题、分享学习资源等，提高学生的学习兴趣和参与度。

数据分析工具：数据分析工具是一种用于处理和分析数据的工具。"双师型"教师可以利用数据分析工具，如 Excel、SPSS 等，对学生的学习数据进行分析和处理。教师可以了解学生的学习情况和学习需求，为教学提供参考和支持。

在当今数字化时代，"双师型"教师在教学中充分利用数字工具具有重要意义。数字工具为教学带来了诸多便利和创新可能，极大地丰富了教学手段并提升了教学效果。

首先，在线教学平台成为"双师型"教师的得力助手。通过这些平台，教师可以上传丰富的教学资源，如课件、视频、文档等，方便学生随时自主学习。其次，教师可以利用平台进行实时授课、答疑解惑，打破了时间和空间的限制，让教学更加灵活高效。

对于一些高风险、高成本或难以实际操作的实验和训练，虚拟仿真软件提供了替代方案。"双师型"教师可以引导学生在虚拟环境中进行模拟操作，熟悉工艺流程和操作流程，培养学生的实践技能和应对能力。比如在工科专业中，利用虚拟仿真软件进行机械加工、电路设计等模拟训练，既确保了学生的安全，又降低了教学成本。

教师可以通过收集和分析学生在学习过程中的数据，了解学生的学习情况和特点，从而有针对性地调整教学策略。通过分析学生在在线测试中的答题情况，教师能够发现学生的知识薄弱点，进而在后续教学中重点讲解和强化。

"双师型"教师可以利用这些工具制作精美的课件、动画、视频等，将抽象的知识转化为直观易懂的形式，激发学生的学习兴趣。比如通过制作动画演示复杂的机械原理或化学反应过程，让学生更容易理解和记忆。又如发起互动活动，了解学生的想法和观点，促进学生积极参与课堂。学生也可以通过这些工具及时反馈问题和困惑，第一时间得到回应和指导。

课程管理系统可以帮助教师轻松安排课程、布置作业、批改作业等，提高教学管理的效率。教师可以利用学习管理系统跟踪学生的学习进度和成绩，为教学评估提供依据。

然而在使用数字工具的过程中，"双师型"教师也面临一些挑战。例如，需要不断学习和掌握新的数字工具和技术，以确保能够熟练运用；要注意数字工具与传统教学方法的有机结合，避免过度依赖数字工具而忽视了教学的本质；还要确保数字工具的使用符合教学目标和学生的实际需求，不能为了使用而使用。

为了更好地发挥数字工具的作用，"双师型"教师应该做到以下几点：一是不断提升自身的数字素养，积极参加相关培训和学习；二是根据教学内容和学生特点，精心选择和运用合适的数字工具；三是鼓励学生积极参与数字工具的使用，培养他们的数字能力和自主学习能力。

"双师型"教师在教学中合理利用数字工具，能够极大地提升教学质量和效果，为学生提供更加优质、多样化的学习体验。在数字化时代的浪潮中，"双师型"教师应积极拥抱数字技术，不断探索和创新，让数字工具成为教学的有力助力，为培养适应时代需求的高素质人才贡献力量。

三、整合技术的教学策略与实践

在当今教育领域，"双师型"教师与数字工具的结合正成为推动教学创新和提升教学质量的重要力量。"双师型"教师具备专业理论知识和丰富的实践经验，而数字工具则为教学提供了便捷、高效和多样化的手段，两者的结合为整合技术的教学策略与实践带来了新的机遇和挑战。

"双师型"教师在整合技术的教学中能够深刻理解专业知识的内涵和应用场景，从而更准确地选择和运用数字工具来辅助教学。例如在工科教学中，"双师型"教师可以利用虚拟仿真软件让学生模拟实际的工程操作，同时结合自身的实践经验给予指导和讲解，使学生不仅掌握理论，更体验到实际操作的过程和要点。

在教学策略方面，"双师型"教师可以通过数字工具来实现多样化的教学。比如，利用在线教学平台开展混合式教学，将课堂教学与线上自主学习相结合。教师可以提前在平台上发布预习资料、视频讲解等，让学生在课前进行自主学习，课堂上则重点进行讨论、答疑和实践操作。这样既提高了教学效率，又培养了学生的自主学习能力。

数字工具还为"双师型"教师提供了丰富的教学资源。教师可以通过网络搜索、教育资源库等途径获取大量的优质教学素材，如图片、视频、案例等，将这些资源融入教学中，使教学内容更加生动、形象、贴近实际。教师也可以利用数字工具创建自己的教学资源，如录制微课、制作教学课件等，满足个性化教学的需求。

在实践方面，教师根据教学目标和学生实际情况设计项目，学生通过小组合作的方式，利用数字工具进行调研、设计、实施和评估。在这个过程中，学生不仅能够学到专业知识和技能，还能培养团队合作、问题解决和创新思维等综合能力。

例如，在计算机编程教学中，"双师型"教师可以设计一个软件开发项目，学生通过在线编程平台进行代码编写和调试，教师通过平台实时监控学生的进度并给予指导。项目完成后，学生进行成果展示和分享，教师进行评价和总结。

数字工具还可以用于教学评价。教师可以利用在线测试系统对学生进行知识的测验，及时了解学生的学习情况。通过学生在数字平台上的互动记录、作业提交情况等多方面数据进行综合分析，全面评估学生的学习效果和能力发展情况。

但是在整合技术的教学实践中也面临一些挑战。数字工具的不断更新和发展需要"双师型"教师持续学习和掌握新的技术，这对教师的学习能力和精力提出了较高的要求。要确保数字工具的使用真正促进教学效果的提升，而不是流于形式，这需要教师精心地设计教学活动，合理安排数字工具的运用。

为了更好地推进整合技术的教学策略与实践，我们需要采取一系列措施。第一，学校要加强对"双师型"教师的培训，提供数字技术方面的培训课程和学习资源，帮助教师提升数字素养。第二，鼓励教师之间开展交流与合作，分享数字工具的使用经验和教学案例，共同探索创新教学方法。要建立良好的技术支持体系，确保数字工具的稳定运行和及时维护。

通过整合技术的教学策略与实践，能够更好地发挥"双师型"教师的优势，提升教学质量，培养适应时代发展需求的创新型人才。我们应积极推动这一融合进程，不断探索和创新，为教育事业的发展注入新的活力。

在未来，随着技术的不断进步和教育理念的不断更新，"双师型"教师与数字工具的整合将更加深入和广泛。教师要能够更加灵活地运用数字工具，为学生创造更加个性化、智能化的学习环境。数字工具也将不断进化，为教学提供更多的功能和支持。

在具体的教学实践中，"双师型"教师还可以结合人工智能技术，如智能辅导系统、智能推荐系统等，为学生提供更加精准的个性化学习指导。利用 VR 和 AR 技术，打造沉浸式的学习体验，让学生切身感受知识的魅力。这些新兴技术的应用将进一步丰富整合技术的教学内涵。"双师型"教师在利用数字工具进行教学时，也要注重培养学生的信息素养和数字伦理意识，让学生学会正确获取、处理和利用信息，同时明白在数字环境中应遵守的道德规范和法律法规。这对学生在信息时代的健康成长和发展具有重要意义。

第四节
"双师型"教师现实问题的研究——数字技术的缺失与需求

一、数字技术资源不足与分配不均

"双师型"教师，是既有传统教学能力，又能灵活运用数字技术进行教学的教师，在当今教育领域备受瞩目。实践中,"双师型"教师面临着一系列现实问题,其中之一便是数字技术的缺失与需求。尤其是在数字技术资源不足与分配不均的情况下,这一问题更加凸显。

数字技术已经深刻改变了人们的生活方式和工作方式,对于教育领域也是如此。教育技术的快速发展,使数字技术在教学中扮演着越来越重要的角色。从在线课堂到个性化学习平台,从虚拟实验室到交互式教材,数字技术为教学提供了全新的可能性。然而,在某些地区和学校,数字技术资源却依然十分匮乏。许多学校仍然缺乏基本的电脑设备和网络连接,更不用说先进的教学工具和软件了。这种数字鸿沟导致一些教师无法充分利用数字技术来支持他们的教学实践。

数字技术资源的分配不均也是一个普遍存在的问题。在一些发达地区或优质学校,教师可能拥有先进的数字教学设备和资源,可以随心所欲地开展数字化教学活动。而在一些偏远地区或资源匮乏的学校,教师甚至连一台能够稳定运行的电脑都无法拥有。这种不公平的分配导致了教育资源的浪费和教育质量的不均衡。

解决数字技术资源不足与分配不均的问题,提升"双师型"教师的教学能力,成了当务之急。首先,政府和教育部门应当加大对教育技术的投入,提供更多的数字技术设备和资源。这包括向贫困地区和偏远学校提供补贴,购买必要的硬件设备和软件资源,确保每个学校都能够拥有基本的数字化教学条件。

针对"双师型"教师的培训课程应当包括教学软件的使用、在线课堂的设计、数字资源的开发等内容,帮助教师更好地运用数字技术来促进学生的学习。还应当建立起一套完善的技术支持体系,为教师提供技术上的帮助和指导。

学校和教育机构可以通过与企业、社会组织等合作,共同开发和利用数字技术资源。这不仅可以为学校提供更多的资源支持,还可以促进数字技术行业的发展,推动教育技术的创新和应用。

总的来说,解决数字技术资源不足与分配不均的问题,需要政府、教育部门、学校以及社会各界的共同努力。只有通过加强投入、加强培训和加强合作,才能够为"双师型"教师提供更好的数字化教学条件,促进教育公平和质量的提升。

二、教师在数字技术应用中的挑战

随着信息技术的飞速发展,数字化教学已成为当今教育领域的热点。我国的教师队伍在数字技术应用方面普遍存在挑战,这给"双师型"教师的培养和发展带来了一定的困难。我们将探讨"双师型"教师在数字技术应用中面临的挑战,并提出解决方案,以期为教育改革和教师培训提供参考。

缺乏专业知识和技能:许多"双师型"教师并非计算机或信息技术专业毕业,因此他们在数字技术应用方面缺乏专业知识和技能,无法灵活运用数字技术进行教学。

教学资源匮乏：一些学校缺乏数字化教学设备和资源，限制了教师开展数字化教学的可能性，使教学效果受到限制。

教学理念转变困难：传统的教学模式侧重于教师的讲解和学生的听讲，而数字化教学需要教师更多地扮演引导者和组织者的角色，这对于一些教师来说是一个巨大的挑战。

信息安全意识薄弱：数字化教学中涉及大量的网络和信息传输，教师对于信息安全的意识较为薄弱，容易受到网络安全问题的影响。

同时，职业教育"双师型"教师队伍建设面临三大现实困境。一是对职业教育投入不足。办好职业教育需要教师是"双师"。"双师"是"教师+技师（律师、会计师、工程师等）"的简称，既要求教师有教师资格证，又要求教师有相应的职业资格或中级以上技术职务。显然，建设"双师型"师资队伍需要更大的教育投入。从全世界范围看，对职业教育的投入通常是对普通教育投入的三倍，原因之一就是职业教育教师是"双师"。然而，我国对职业教育的投入却低于对普通教育的投入，这导致"双师型"教师队伍建设很难推动。一方面，职业院校很难招到"双师"；另一方面，职业院校以兼职方式聘用的企业工程师也无积极性。二是职业院校偏离职业教育定位，"双师"无用武之地。我国职业院校存在偏离职业教育定位的问题，不是以就业为导向培养高素质的技能人才，而是以学历为导向，关注中职、职业院校毕业生毕业后的升学。这导致职业教育"普通化"，长期以来参照普通教育办学。因此，"双师型"教师队伍建设也就不受重视。事实上，在以学历为导向的职业院校中，"双师型"教师很难派上用场，这些职业院校建设"双师型"教师队伍也就沦为形式。三是对职业院校教师的考核评价采用发表论文、申请课题等学术指标。这导致职业院校教师也追逐学术研究，而不是全身心地投入技能课程教学。我国不少职业院校学生抱怨不能学到什么技术，就反映出职业院校并没有重视开好技能课程，未能让学生在技能课程上接触最先进的技术。职业教育的现代"学徒制"就是要求老师手把手"带教"徒弟打磨技术，这要求对教师的考核评价应聚焦于如何带教学生。不聚焦于如何培养学生掌握技能而重视学术研究，这是本末倒置，严重影响职业教育技能人才培养质量。

针对上述问题提出具体解决方案如下：

提升教师的数字技术素养：学校和相关部门可通过举办培训班、开设在线课程等方式，提升教师的数字技术素养，让他们了解数字技术的基本原理和应用方法。

加强数字化教学设备和资源建设：学校和政府可加大对数字化教学设备和资源的投入，提供更多的数字化设备和资源支持教师开展数字化教学。

改革教师培训体系：针对"双师型"教师，应该改革教师培训体系，增加数字技术应用相关的课程和实践环节，让教师在培训中就能够真正掌握数字技术的应用技能。

建立信息安全意识教育体系：学校和相关机构应该加强对教师的信息安全意识教育，提高教师对信息安全的重视和防范意识。

数字技术的应用已经成为教育改革的必然趋势，而"双师型"教师在数字技术应用中的挑战也是当前亟待解决的问题。通过加强教师的数字技术素养培训、完善数字化教学设备和资源建设、改革教师培训体系以及建立信息安全意识教育体系等措施，可以有效地解决"双师型"教师在数字技术应用中所面临的挑战，推动数字化教学的深入发展。希望未来在教育改革和教师培训方面能够更加重视数字技术的应用，为我国的教育事业注入新的活力。

三、"双师型"教师对数字技术培训的需求

建设"双师型"教师队伍，最关键的是保障相应的投入，这需要各级政府转变教育发展观，也需要优化教育支出结构。我国对职业教育的投入不足，根源在于地方政府对普通教育的重视程度远远超过对职业教育的重视程度，职业教育被视为"兜底教育"。要解决这一问题，需要探索建立地方教育拨款委员会。拨款委员会应由政府官员、人大代表、学校领导、教师代表、家长代表、学生代表、社会人士代表等共同组成，拨款委员会负责制订教育预算，并监督政府实施。建立拨款委员会的重要意义是避免拨款由行政部门单方面主导，而是从扩大教育公平、提升教育质量的角度，建立更科学、合理的拨款机制。

在数字化浪潮的推动下，教育领域也在不断发生着变革，而"双师型"教师作为这一变革中的重要力量，其对数字技术培训的需求日益凸显。教师需要主动求变。虽然教师已经不再是传统课堂上的主导者，但是教师仍然是教育者，是学生的引导者，需要具备一定的知识、能力和道德素养才能正确地引导学生进行学习，支持和监督学生，帮助学生解决学习过程中存在的问题。

1. 转变教师传统教育观念，树立数字化教学理念

教育 4.0 的时代已经到来，传统的教育模式不能很好地满足现代社会和企业对人才的需求，所以新型数字化教学模式是必要的。但是有的教师认为数字化教学不如传统教学，特别是线上直播式教学的效果远不如线下面对面的课堂教学；有的教师由于数字素养较低，无法较好地利用数字化工具，从心理上感觉数字化教学难度大，对数字化教学产生抵触情绪；还有的教师认为数字化教学需要花费大量的时间和精力去研究开发数字化教学方法，开发数字化资源，进行相应的教学设计，投入产出比低，难以快速呈现教学成果。数字化时代的教学，需要教师构建新时代以人为本的教育教学观念和人才培养理念，树立全新的人才观、教育观和教学观，采用全新的教学方法和教学模式，结合实践对学生进行培养。

理论是实践的基础，思想是行动的先导。教师需要树立符合现代化发展的教学理念，他们要从优秀的传统文化中吸收精华，并积极借鉴国际上的先进经验，将符合现代化发展的教学理念培养起来。教师还要树立以人为本的学生观，尊重学生个性的发展，因材施教，充分引导、发挥学生的自主能动性。所以要改变传统的课堂结构，将教师的角色由传统的课堂主导者变为教学引导者，由问题回答者变成提问者，以学生为中心，让学生成为课堂的核心和主导，由教师提出问题让学生进行思考和回答。学生是职业教育数字化转型的核心要素，提升学生的数字素养，让学生能够适应数字化社会和生产、实现个人价值和社会价值是职业教育数字化转型的最终目的。教师需要做的不再是向学生灌输知识，而是引导学生，帮助学生学习，以现代化的数字技术让学生得到个性化的发展，用科学的方法和理念，培养和提升学生的数字素养，满足现代社会和企业对人才的需求。

2. 结合现代企业生产实践，加强数字理念的转变

随着时代的发展和技术的进步，教育主体趋向多元化，需求也逐渐精细化。《关于深化现代职业教育体系建设改革的意见》指出：职业教育的发展要坚持以教促产、以产助教、产教融合、产学合作，延伸教育链，服务产业链，支撑供应链，打造人才链，提升价值链，推动形成同市场需求相适应、同产业结构相匹配的现代职业教育结构和区域布局。

职业教育与普通教育不同，主要为地方经济服务，校企合作和产教融合是本质，它不是单纯的理论教育，而是与社会企业和生产力紧密结合的教育。产教融合是企业生产和学校教育的整体结合，是实际生产操作和课堂理论教学的融合，用理论来总结和改进实践，用实践来验证理论并促进理论发展。所以职业教育的教师要转变教育理念，就不能只依赖于理论知识，依赖个人和学校，还需要结合现代企业和社会的实践经验，才能真正转变教育理念。

教师可以作为产教融合和校企合作的桥梁，将学校中的理论带入企业实践中，将企业中的实践经验带入课堂教学。一方面，教师通过在企业中实践学习，参与企业的项目，利用企业先进的数字化生产设备和数字资源提升自身的数字素养，将实际生产经验总结融入课堂教学。另一方面，学校可以积极引入企业中具有专业能力的人才加入教师队伍，让这些教师以企业专家的身份在校内进行授课，充分发挥其专业优势，提升企业兼职教师的教学能力和数字资源建设能力，优化教师队伍的结构。

"双师型"教师在数字技术培训中扮演着重要角色，其培训需求直接影响教育改革的进程。教育部门应该加大对"双师型"教师数字技术培训的支持力度，提高教师的数字技术应用能力，推动数字化教学在全国范围内的普及和应用。

第五节
职业教育教师队伍建设的现状与数字技能的整合

一、职业教育教师队伍建设的现状分析

1. 师资队伍数量不足

近年来，职业教育办学规模迅速扩大，导致职业教育对教师数量的需求越来越大。"双师型"教师数量不足的问题越发突出，导致"双师型"教师普遍工作量繁重，在保质保量完成教学工作的要求下，往往只能求量舍质。职业教育师资队伍不稳定的现象也普遍存在。

2. 师资结构缺乏合理性

部分职业院校的教师队伍存在专业结构、年龄结构、学历结构不合理的现象。如专业教师数量不足，文化课教师数量相对过剩；中青年教师比例较低，老年教师比例较高；高学历教师比例较低，低学历教师比例较高。

3. 数字技能在职业教育教师队伍建设中的应用

强化师资队伍建设：制订科学的选拔标准，通过面试、答辩等环节来评估教师的专业能力和教学水平。同时，为了吸引更多优秀数字化人才从事职业教育，还可以提高职业教育教师的待遇和福利，为他们提供更好的发展空间和机会。

提供专业化继续教育：通过开设各种形式的培训课程和研修班，有针对性地加强数字化能力培训，教师们可以不断更新知识和教学技能。例如，可以邀请业界专家进行专题讲座，组织师资交流研讨活动，以促进教师们与行业的紧密联系。

搭建数字教育平台：通过整合优质资源和运用先进技术，数字教育平台为职业教育提供了全新的学习与培训方式。它不仅可以满足学生的个性化需求，提高教学效果，还可以促进职业教育的深度融合和资源共享。

推进教育教学改革：进行课程改革，将数字技术与职业教育相结合，将职业岗位需求与课程内容相匹配，构建与时俱进的课程体系。在现代社会，数字技术的应用已经渗透到各个行业中，培养学生的数字能力已经成为职业教育的必备条件之一。

二、当前教师队伍技能概括

教师队伍是教育事业的核心力量，他们具备多方面的技能，以履行其教育教学的重要职责。以下是对当前教师队伍技能的较为全面的概括。

1. 学科专业知识与教学技能

教师首先需要拥有扎实的学科专业知识，能够深入理解和掌握所教授的学科内容，

无论语文、数学、英语还是其他学科。他们能够以清晰、准确的方式将这些知识传授给学生，运用有效的教学方法和策略，如讲解、示范、提问、小组合作等，激发学生的学习兴趣和积极性。

2. 课堂管理技能

教师要能够创建有序、安全、积极的课堂环境，制订明确的规则和纪律，并确保学生遵守。他们善于处理课堂中的各种行为问题，以恰当的方式引导学生，维持课堂的正常秩序，同时营造出有利于学习的氛围。

3. 沟通与表达技能

教师要善于倾听学生的想法和需求，能够以温和、耐心的态度与他们沟通。在表达方面，教师需要具备清晰、流畅的语言表达能力，无论口头还是书面，以便准确传达信息和知识。同时要能够运用肢体语言和表情来增强沟通效果。

4. 教学设计与评估技能

教师能够根据教学目标和学生特点，精心设计教学方案，包括教学内容的组织、教学方法的选择和教学活动的安排。同时，他们懂得如何进行教学评估，通过测验、作业、项目等多种方式，准确了解学生的学习情况和进步程度，并及时给予反馈和指导。

5. 信息技术应用技能

在当今数字化时代，教师要熟练掌握信息技术，利用多媒体资源、在线教学平台等辅助教学。他们能够制作精美的教学课件，整合各种数字资源，为学生提供更加丰富、生动的学习体验，还能引导学生正确使用信息技术进行学习和探索。

6. 创新与应变能力

教育不断发展和变革，教师需要具备创新精神，能够尝试新的教学理念和方法，不断改进自己的教学。在面对各种突发情况和意外时，如教学设备故障、学生突发疾病等，教师要有较强的应变能力，能够迅速、妥善地处理问题，确保教学的顺利进行。

7. 团队合作技能

在教研活动中，教师们共同探讨教学问题，分享教学经验和资源。在班级管理和学生教育方面，也需要与其他教师协同工作，形成教育合力。

8. 自我提升意识与终身学习能力

教育领域知识和理念不断更新，教师要有强烈的自我提升意识和终身学习能力。他们积极参加各种培训、研讨会和学术活动，不断拓宽自己的知识面和视野，提升自己的专业素养和教学水平。

9. 情感教育技能

除了知识传授，教师还承担着情感教育的重任。他们能够关注学生的心理健康和情感需求，给予学生关爱、支持和鼓励，帮助学生建立积极的心态和良好的人际关系。

10. 多元文化教育技能

在多元化的社会中，教师要具备多元文化教育技能，尊重和理解不同文化背景的学生，能够创造包容、公平的学习环境，培养学生的跨文化交流能力和全球视野。

当前教师队伍需要具备广泛而综合的技能，以适应教育教学的各种挑战和需求。这些技能相互配合、相互促进，共同推动着教育事业的发展和学生的成长。只有不断提升教师队伍的整体技能水平，才能为培养全面发展的高素质人才奠定坚实的基础。

三、数字技能在职业教育中的角色

在当今数字化时代，数字技能在职业教育中扮演着至关重要的角色。

数字技能为职业教育带来了全新的教学手段和资源。借助先进的信息技术，教师可以通过多媒体课件、虚拟仿真实验等方式，将抽象的知识和复杂的操作过程以更加直观、生动的形式呈现给学生。这不仅有助于提高学生的学习兴趣和参与度，还能让学生更好地理解和掌握专业知识与技能。

数字技能拓宽了职业教育的学习渠道和空间。在线学习平台、远程教育等的出现，打破了传统教育的时空限制，学生可以根据自己的时间和进度进行学习。他们能够随时随地获取学习资源，与教师和同学进行交流互动。这种灵活性使职业教育能够更好地满足不同学生的学习需求，尤其是为那些有工作或其他事务缠身的学生提供了极大的便利。

数字技能提升了职业教育的教学效率和质量。通过数字化管理系统，学校可以更高效地进行教学管理、学生管理和资源管理。教师可以利用数据分析工具，了解学生的学习情况和特点，从而针对性地调整教学策略和方法。数字技能的应用也有助于实现教学资源的共享和优化配置，让更多的学生受益。

数字技能还增强了学生的就业竞争力。在当今社会，各个行业都在加速数字化转型，具备数字技能成为许多职业岗位的基本要求。职业教育培养的学生如果能熟练掌握数字技能，如编程、数据分析、数字营销等，将在就业市场上具有明显的优势。他们能够更好地适应工作中的数字化环境，运用数字技术解决实际问题，提高工作效率和质量。

数字技能促进了职业教育与产业的紧密结合。企业数字化的发展对人才的数字技能提出了新的要求，职业教育可以通过与企业合作，了解行业最新的数字技术应用和发展趋势，及时调整专业设置和课程内容，培养符合企业需求的数字化人才。这种产教融合的模式有助于提高职业教育的针对性和实用性，使学生毕业后能够更快地适应工作岗位。

在数字技能融入职业教育的过程中也面临一些挑战。比如，数字基础设施建设的不完善会限制数字技能教学的开展；教师的数字素养参差不齐，需要加强培训和提升；

部分学生可能存在数字技术使用的困难或抵触情绪等。

为了更好地发挥数字技能在职业教育中的作用，我们需要采取一系列措施。学校要加大对数字基础设施的投入，确保数字教学资源的顺畅使用；加强教师的数字技能培训，提高他们运用数字技术进行教学的能力；注重培养学生的数字素养和信息素养，让他们学会正确、有效地使用数字技术；政府和社会也应该给予职业教育更多的支持和资源，推动数字技能在职业教育中的广泛应用和深入发展。

综上所述，数字技能在职业教育中具有不可替代的重要作用。它不仅推动了职业教育的改革和创新，也为学生的未来发展奠定了坚实的基础。我们要充分认识到数字技能的价值，积极应对挑战，不断探索和实践，让数字技能更好地服务于职业教育，培养出更多符合时代需求的高素质职业人才。

四、提升教师数字技能的策略

在数字化时代，提升教师的数字技能对于推动教育的现代化和高质量发展至关重要。以下是一些提升教师数字技能的有效策略：

1. 提供全面的培训和专业发展机会

定期组织数字技能培训工作坊，涵盖基础操作、教学软件应用、在线教学平台使用等方面。邀请专家进行专题讲座，分享数字教育的前沿理念和实践经验。设立长期的培训课程，包括线上和线下学习，让教师能够系统地学习数字技能。

2. 鼓励教师自主学习和探索

提供丰富的数字资源库，包括教程、案例、视频等，方便教师自主学习。建立教师学习社群，鼓励教师之间交流分享数字技能的学习心得和经验。设立奖励机制，激励教师主动探索和应用数字技能。

3. 融入日常教学实践

鼓励教师在课堂中积极运用数字技术，如多媒体教学、互动白板等，逐渐熟悉和掌握。开展数字化教学项目，让教师在实践中提升数字技能，同时也创新教学方法。组织教师进行数字化教学设计和竞赛，激发教师的积极性和创造力。

4. 加强与企业和科研机构的合作

邀请企业技术人员走进校园，为教师介绍最新的数字技术应用和发展趋势。与科研机构合作开展研究项目，让教师参与其中，提升数字研究能力。组织教师到企业参观学习，了解数字技术在实际工作中的应用场景。

5. 改善学校的数字基础设施

加大对硬件设备的投入，确保教师有良好的设备来实践数字技能。优化校园网络环境，提高网络速度和稳定性。提供便捷的技术支持服务，及时解决教师在使用数字技术过程中遇到的问题。

6. 培养教师的信息素养和数据意识

开展信息素养培训，让教师学会筛选、整合和利用有效的数字信息。培养教师的数据意识，使其能够运用数据分析来改进教学。引导教师关注数字伦理和安全，正确使用数字技术。

7. 建立教师数字技能评价体系

制订明确的数字技能标准和评价指标，对教师的数字技能水平进行评估。根据评价结果，为教师提供个性化的提升建议和指导。将数字技能评价纳入教师的绩效考核和职业发展体系中，激励教师不断提升。

8. 鼓励教师参与数字教育研究

支持教师开展数字教育相关的研究课题，深入探索数字技能在教学中的应用。提供研究经费和资源支持，鼓励教师发表相关研究论文。举办数字教育研究论坛和研讨会，促进教师之间的学术交流。

9. 树立榜样和示范

选拔和培养一批数字技能突出的教师，作为校内榜样；邀请其他学校或地区的优秀教师来校分享经验，开阔教师的视野。建立数字教学示范课程和案例库，供教师学习借鉴。

10. 持续关注数字教育的发展动态

定期组织教师参加数字教育相关的会议和展览，了解最新的技术和趋势。订阅专业的数字教育期刊和杂志，让教师及时掌握行业发展动态。建立数字教育信息推送机制，将最新的数字教育资讯及时传递给教师。

11. 开展跨学科的数字技能交流活动

组织不同学科的教师共同参与数字技能相关的交流活动，促进学科间的融合与协作。例如，让文科教师了解理科教师运用数字技术的方法，理科教师也能从文科教师那里获得创新教学思路，互相启发，共同提升数字技能在不同学科教学中的应用效果。

12. 提供个性化的数字技能辅导

根据教师的不同基础和需求，安排专门的人员为他们提供一对一或小组形式的个性化辅导。这种有针对性的指导能够更精准地帮助教师解决在数字技能提升过程中遇到的具体问题，加速他们的进步。

13. 建立数字技能学习共同体

在学校内部或区域范围内，建立由教师自愿组成的数字技能学习共同体，共同体成员定期聚会，分享学习心得，探讨遇到的难题，共同研究数字技能在教学中的新应用等，形成浓厚的学习氛围和互助合作的良好局面。

14. 鼓励教师开发数字教学资源

引导教师参与数字教学资源的开发，如制作教学课件、微课等。在这个过程中，教师不仅能更深入地掌握数字技术，还能为教学资源库贡献力量，实现资源共享和共同进步。

15. 利用假期集中开展数字技能培训

利用寒暑假等较长时间的假期，集中开展深入的数字技能培训，让教师有足够的时间去系统学习和实践，避免日常教学工作的干扰，更好地提升技能水平。

16. 与高校合作开展数字技能培训项目

与高校建立合作关系，利用高校的专业资源，开展针对教师的数字技能培训项目。高校可以为教师提供更前沿、更专业的知识和技能培训，拓宽教师的视野和思路。

17. 强化教师对数字版权和安全的认识

在提升数字技能的同时，加强教师对数字版权保护和网络安全的认识，确保他们在运用数字技术时能够合法合规、安全可靠地进行操作。

18. 举办数字技能应用大赛

定期举办数字技能应用大赛，鼓励教师将所学的数字技能应用到实际教学中并展示成果。通过比赛激发教师的竞争意识和创新精神，进一步推动数字技能的提升和应用。

19. 提供远程数字技能指导服务

利用在线平台，为教师提供远程的数字技能指导服务。教师可以随时随地通过网络获取指导和支持，方便快捷地解决问题和提升技能。

20. 持续评估和反馈

建立持续的评估机制，定期对教师的数字技能提升情况进行评估，并及时给予反馈。根据评估结果调整培训内容和方式，确保策略的有效性和针对性。

通过以上这些策略，我们能够更全面、更深入地推动教师数字技能的提升，使教师在数字化时代能够游刃有余地运用各种数字技术进行教学，培养出适应未来社会发展的高素质学生，为教育事业的持续发展注入新的活力和动力。我们要不断探索和创新，以适应时代的发展和教育的变革，为教师和学生创造更加优质的教育环境。

第六节
职业教育教师队伍建设的困境与数字化解决方案

一、面临的主要困境

职业教育作为培养技术技能型人才的重要途径，其教师队伍的建设至关重要。然而，当前职业教育教师队伍建设仍面临着一些困境。

师资数量不足：随着职业教育的快速发展，学生数量不断增加，导致教师数量相对不足，这可能会影响教学质量，增加教师的工作压力。

师资结构不合理：一方面，一些职业院校缺乏具有实践经验的教师，理论与实践脱节；另一方面，专业带头人、骨干教师等高层次人才相对缺乏。

教师素质参差不齐：部分教师教育教学观念陈旧，教学方法单一，不能满足现代职业教育的要求。

教师培养与培训体系不完善：缺乏系统的教师培养计划和专业的培训机构，导致教师的专业成长受到限制。

激励机制不健全：职称评定、薪酬待遇等方面的激励不足，影响了教师的工作积极性和稳定性。

职业发展通道不畅：教师在职业发展过程中面临诸多限制，缺乏明确的晋升机制和发展方向。

造成这些困境的原因主要有以下几点：职业教育的地位和认可度相对较低，对优秀人才的吸引力不足；投入不足，影响了教师队伍建设的质量和速度；与企业的合作不够紧密，教师缺乏实践锻炼的机会；学校管理体制不完善，对教师的培养、评价和激励缺乏有效的措施。

为解决这些困境，可采取以下措施：加大对职业教育的投入，提高教师的待遇和社会地位；加强与企业的合作，建立教师实践基地，提高教师的实践能力；完善教师培养与培训体系，提供多样化的培训机会和资源；建立健全激励机制，优化职称评定和薪酬制度；优化学校管理体制，为教师的职业发展提供更多的支持和保障。

通过以上内容我们可知，解决职业教育教师队伍建设的困境，需要政府、学校、企业和社会各方共同努力，营造良好的环境，提高教师队伍的整体素质，为职业教育的发展提供有力的支撑。

二、数字化工具提供的潜在解决方案

随着数字化时代的到来，职业教育教师队伍建设可以通过数字化工具获得潜在的解决方案。以下是一些可能的解决方案：

为教师提供丰富的教学资源，包括课程设计、教材、案例、视频等，帮助教师更好地准备课程。提供在线专业发展课程和培训，使教师能够随时随地学习新知识和新技能。开发教学管理系统，帮助教师管理课程、学生成绩和教学进度，提高教学效率。建立虚拟实验室，让学生在安全的虚拟环境中进行实践操作，提高实践能力。使用智能教学辅助工具，如智能辅导系统、自动评分系统等，减轻教师的工作负担。建设远程教育平台，实现优质教育资源的共享，让更多的教师受益。建设教师交流平台，促进教师之间的交流和合作，分享教学经验和最佳实践。数据分析工具能够通过分析学生的学习数据，为教师提供个性化教学的建议。教学评价工具则能帮助教师了解自己的教学效果，不断改进教学方法。数字化教材和课程开发工具支持教师自主开发数字化教材和课程，丰富教学内容。职业发展规划工具为教师提供职业发展规划的指导和建议。知识管理系统方便教师整理和管理自己的教学知识和经验。在线教研社区促进教师之间的学术交流和研究合作。教育大数据平台为教育决策提供数据支持，优化教师队伍建设。这些数字化工具可以为职业教育教师队伍建设提供多种潜在解决方案，提高教师的教学质量和效率，促进职业教育的发展。

在信息技术高速发展、广泛应用的今天，现代教育技术的发展十分迅猛，引起了教育的深刻变革，给教育观念、教学方法和教学组织形式等方面带来了深远的影响。吉林工程技术师范学院在教育信息化大环境下，根据学校实际情况，实事求是地进行数字化校园的建设研究，充分发挥现有设备的效率，把学到的信息技术知识广泛地应用到实际的教学活动之中，取得了很多的收获（图2-1）。

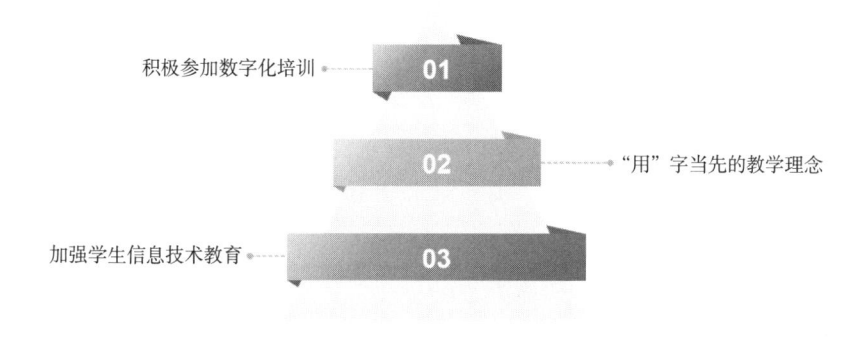

图2-1　数字化校园建设的教学实践

1. 积极参加数字化培训

学校组织教师认真学习新课程标准，进一步认清教育发展的形势，提高思想认识，明确奋斗目标；认真学习数字化教育理论，提高教师现代教育技术素质。通过不断地学习，提高了全体教师对现代教育技术的应用能力。从现实情况来看，尽管计算机和网络已开始进入学校，但要真正发挥其优势，提高设备的利用率，还有很长的一段路要走。原因之一是教师习惯于传统的授课方式，制作课件怕费时间，怕麻烦，因而也就安于现状。原因之二是教师掌握现代教学技术手段也有一个适应过程，发展存在不平衡性。

2. "用"字当先的教学理念

在日常的教学中，为了把学到的知识广泛地应用到实际教学活动中，制作了大量的教学课件，收集了大量教学图片用于实际的教学活动。做到学以致用、学以会用。

3. 加强学生信息技术教育

素质教育的内涵之一是面向全体学生，让学生的个性特长得到发展。信息化、网络化的社会文化环境正在创造各种形式的学习模式，如何尽快适应和驾驭新的学习环境与学习模式，是赋予教师的特殊任务。

4. 积极配合校园网数字化资源建设

为了便于现代化教学，学校在校园网上建立了教学数字资源库，学校现代教育技术中心注意资源的收集与积累。资源丰富的数字校园必将把学校中的管理和教学带入一个全新的网络信息化时代，将以数字化的方式来体现我们的工作、学习、交流与管理的校园生活。

发展信息技术教育，带动教育现代化，已成为学校全面推进素质教育的一个突破口。应用现代信息技术教育手段，促进教育现代化，提高学生综合素质已成为我校教师的共识。随着信息技术的飞速发展，数字化工具为职业教育教师队伍建设提供了许多潜在的解决方案。

数字化工具可以提供丰富的教学资源，教师可以通过在线平台获取各种优质的课程资料、教学视频、案例分析等，丰富教学内容，提高教学质量。在线交流平台可以让教师们随时随地进行沟通，分享教学经验和教学资源，共同解决教学中遇到的问题。数字化工具可以助力教师的专业发展。例如，在线培训课程可以让教师随时随地学习新的知识和技能，提高自己的专业水平。另外，数字化评估工具可以更加客观、准确地评价教师的教学效果和工作表现，为教师的晋升和发展提供依据。数字化工具还可以帮助教师进行教学管理。课程管理系统可以方便管理课程安排、学生成绩等信息，提高教学管理效率。数字化工具还能为教师提供个性化的教学支持。根据学生的学习情况和特点，数字化工具为教师提供个性化的教学建议和资源推荐，促进教学创新。VR、AR等技术可以为教学带来全新的体验，激发学生的学习兴趣。数字化工具还可以提高教师的工作效率。例如，自动化的办公流程可以减少教师的重复性工作，让他们有更多的时间和精力投入教学工作中。

综上所述，数字化工具为职业教育教师队伍建设提供了诸多潜在的解决方案，有助于提高教学质量、促进教师专业发展、提升教学管理效率等。职业教育机构应积极推动数字化工具的应用，为教师队伍建设提供有力的支持。

三、实施数字化教学的具体方法

随着信息技术的不断发展，数字化教学在职业教育教师队伍建设中将发挥越来越重要的作用。以下是实施数字化教学的一些具体方法：

提供教师培训：组织专业的数字化教学培训，帮助教师掌握相关技术和工具的使用方法。

建设数字化教学资源库：收集、整理和制作各种优质的数字化教学资源，如课件、视频、案例等，供教师使用。

推广在线教学平台：选择合适的在线教学平台，使教师能够方便地开展线上教学活动。

鼓励教师制作微课：短小精悍的微课有利于学生自主学习，提高教学效果。

开展数字化教学研讨活动：分享数字化教学经验，共同解决遇到的问题。

建立学生学习数据分析系统：通过数据了解学生的学习情况，为教学提供依据。

利用 VR 和 AR 技术：提供更加真实的学习体验。

实施翻转课堂教学模式：培养学生的自主学习能力。

搭建教师交流平台：加强教师之间的交流与合作。

引入智能教学辅助工具：如智能批改作业、智能辅导等，提高教学效率。

开展信息化教学竞赛：激发教师的积极性和创新性。

建立教学质量评估体系：通过数字化手段对教学进行全面评估。

数字化教学为职业教育带来了新的机遇，教师们应积极适应这一变化，不断提升自己的数字化教学水平，为学生提供更加优质的教育服务。

四、实施数字化教学方法的总结

1. 建设数字化教学资源库

收集和整理各类教学资源，如电子教材、课件、教学视频、练习题等，并将其分类存储，方便教师和学生随时查阅和使用。资源库应不断更新和补充，以适应教学的需求和学科的发展。

2. 利用在线教学平台

搭建功能齐全的在线教学平台，教师可以在上面发布课程信息、布置作业、进行在线测试、组织讨论等。学生可以通过平台提交作业、参与讨论、查看成绩和反馈。平台还可以提供数据分析功能，帮助教师了解学生的学习情况。

3. 开展混合式教学

将传统课堂教学与在线学习相结合，例如课前通过在线平台让学生自主学习基础知识，课堂上进行重点讲解、讨论和实践；或者课后通过线上作业和辅导巩固知识。这种混合式教学模式能够提高教学效率和学生的学习效果。

4. 运用多媒体教学手段

在课堂上充分利用多媒体设备，如投影仪、电子白板等，展示生动形象的教学内容，如图片、动画、视频等，增强学生的直观感受和学习兴趣。教师也可以利用多媒体制作个性化的教学课件，更好地呈现教学重点和难点。

5. 实施虚拟实验教学

对于一些实验条件要求较高或具有危险性的课程，可以采用虚拟实验教学。通过虚拟实验软件，学生可以在计算机上进行模拟实验操作，获得与真实实验相似的体验，同时也能减少实验成本和风险。

6. 开展个性化学习

利用数字化技术，根据学生的学习特点和进度，为每个学生提供个性化的学习方案和资源。例如，通过智能学习系统推荐适合学生的学习内容和练习，或者根据学生的测试结果进行针对性辅导。

7. 加强教师数字化培训

确保教师具备熟练应用数字化教学手段的能力，定期组织教师参加数字化培训，包括教学平台的使用、多媒体课件制作、在线教学方法等方面的培训，提升教师的数字化素养。

8. 建立数字化学习共同体

鼓励教师和学生、学生和学生通过网络建立学习共同体，共同交流学习经验、分享学习资源、解决学习问题。共同体可以通过论坛、群组等形式进行互动。

9. 与家长合作

利用数字化手段加强与家长的沟通和合作，及时向家长反馈学生的学习情况，让家长更好地了解学生在学校的表现，也可以引导家长在家中为学生提供数字化学习的支持和监督。

10. 评估数字化教学效果

建立科学的评估体系，定期对数字化教学的实施效果进行评估，包括学生的学习成绩、学习兴趣、学习能力等方面的变化，以及教师的教学质量和教学效率的提升情况。根据评估结果不断改进和完善数字化教学方法。

实施数字化教学需要多方面的努力和配合，综合运用以上具体方法，可以更好地发挥数字化教学的优势，提高教学质量，培养适应现代社会发展的创新型人才。

第三章
国际视角下的"双师型"教师与数字化教育

第一节
国际比较——不同国家的数字化职业教育策略

一、不同国家的职业教育数字化战略概述

在信息时代,数字化已经渗透到社会的各个领域,教育,特别是职业教育领域也不例外。随着全球经济的一体化和科技的迅速发展,对技能劳动力的需求日益增长,各国政府认识到传统的职业教育模式亟须改革以适应新的挑战。因此,不同国家根据其经济发展水平、文化背景、技术能力和劳动市场需求,制定了各具特色的数字化职业教育策略。下面概述几个国家在推动职业教育数字化方面的主要战略:

1. 德国

德国的理论教学与实际工作经验相结合的双元制职业教育体系闻名于世。在数字化浪潮中,包括使用虚拟实验室、在线学习平台和模拟工作环境,以及与企业合作开发的定制化培训课程,德国政府和企业界共同推动了职业教育的数字化转型。尤其是在工业4.0的背景下,为了保证本国劳动力能够适应未来的工作环境,德国强调培训智能制造和自动化技术。德国还让学习资料和课程跨地域共享,通过建立全国性的数字化资源库来提高教育资源的使用效率。

2. 美国

美国的政府及教育机构为积极推动在线学习平台的发展提供大量的远程教育课程及灵活的学习路径,以满足不同学习者的不同需求。美国的数字化职业教育也包含由

企业合作开发的职业认证及微学位课程，通常专注于 STEM 领域以快速培养市场紧缺的技能为目标。另外，美国还利用大数据技术来分析学习者的学习数据并由此提供更加个人化的学习体验和职业发展规划与建议等。

3. 芬兰

芬兰政府支持使用数字游戏及模拟环境来提供交互性强、实践性强的学习体验，以帮助成年人获得终身学习的机会，并帮助他们适应不断变化的劳动力市场。另外，芬兰也在研究利用数字化手段为成年人提供持续教育的机会，从而帮助他们与日益变化的劳动力市场相适应。在数字化职业教育方面，除了与业界的紧密合作，芬兰还注意培训内容与实际工作需求紧密结合，做到学以致用。

4. 澳大利亚

澳大利亚的职业教育数字化战略着重于提高教育的灵活性和可预见性，通过结合运用网上学习平台和远程教育技术来为更多偏远地区的学习者创造受教育机会；该战略还将着眼于与新兴技术及行业趋势相关的职业训练。另外，该战略也重视数字化考核与认证体系的运用，以使学生的学习成果得到更有效的跟踪与证明。澳大利亚还致力于将职业教育数字化作为提高劳动力技能的一项重要举措来抓。因此，澳大利亚的职业教育数字化战略是具有重要的现实社会意义的。

5. 中国

中国制造计划实施以来，中国把先进制造业有关的技能培训作为重点关注的对象，依托国家职业教育平台，整合大量在线课程资源与虚拟实验室和模拟工作环境，强调运用智能教育和大数据分析技术进行教育资源的优化配置和教学水平的持续提升，以加快我国从制造大国向制造强国的转型升级。随着数字化战略的实施，中国的职业教育教学将着眼于通过技术创新来促进教育质量和效率的提高。

综上所述，各国在促进职业教育的数字化上，采取的办法和重点各不相同，但是共同的目标是提升教育质量，增加学习的灵活性和适应性，以及使劳动力具备市场所需的技能。在技术不断进步的情况下，数字化职业教育战略将不断演变，以应对新的挑战和机遇。通过国际比较发现，各国在促进职业教育的数字化上所采取的办法和重点虽然不同，但都认识到数字化在职业教育中所占据的举足轻重的地位，有共同追求提高教育效果和满足今后劳动力市场需求的目的。因此，在促进职业教育的数字化上，各国都在进行探索，并相互学习。

技术的进步与劳动力市场上的变化，促使数字化职业教育不断地迎接新的挑战。随着人工智能（AI）与机器学习的技术日益成熟地运用在教育教学过程中，个性化学习获得了新的可能——按照学生学习的进度与兴趣点进行针对性的授课与学习路径设计，从而有效地提高学习效率。另外，随着 VR 和 AR 技术的普及运用，学生能够获得沉浸式学习环境，从而进行真实工作环境模拟与练习，提高技能水平并降低工作中出现错误的概率。因此，数字化职业教育必须不断地以新的技术手段为依托，在适应和挖掘现有机遇的同时，不断地开拓新的领域去适应社会与劳动力市场的需求。

国际职业教育项目是在全球化背景下发展起来的，它借助数字平台将世界各国的学校、企业专家连接在一起，以共享最佳理论与实践资源。这样既能提高教育质量，又能促进不同文化间的交流与认识。例如，各国可以合作为学生创造国际实习的机会，使他们在真实的工作环境中运用所学知识与技能，获得跨文化沟通与协作的经验，从而加深对世界各国文化的理解。因此，跨国教育合作的重要性是不容忽视的。

知识更新速度的不断加快以及职业生涯的不断延长，使终身学习显得越来越重要。以数字化为基础的职业教育可以为成年人提供各种灵活的学习途径和机会，使他们在任何阶段都能不断更新自己的技能和知识，这些途径可能涉及在线短期课程以及各种专业认证或职业转型方案。但要达到这一目标并保证所有年龄段的学习者都能得到必要的技术支持和指导并不是一件容易的事情。在实施数字化职业教育策略的时候还存在着这样或那样的难题，因此在考虑这一策略的时候，政府教育机构必须为学习者在技术以及教育方面提供保证与支持。

技术的快速变化，特别是互联网的迅猛发展，在带来福音的同时，也造成数字鸿沟。政府和教育机构的作为至关重要。为使每个人都能获得高质量的数字化教育资源，政府和教育机构需要采取相应措施。另外，数据安全和隐私保护问题也日益受到重视。随着学习资料被日益收集和利用，确保其安全存储和合理使用也就成了当务之急。

数字化职业教育应用新技术和方法，在给学生带来更加个性化的学习体验的同时，也为成年人提供了终身学习的机会，使其能够适应不断变化的劳动力市场。这是随着时代的发展而产生的一项重大变革。但是，这一变革在实施过程中也面临着一定的挑战，如国际合作与多方参与等方面的问题。

在对职业教育领域进行数字化改造的过程中，公私合作模式的作用日益凸显，这是随着时代发展的需要而产生的一种新型合作模式。在这种合作方式下，政府机构与私营企业通力合作，共同进行职业教育项目的设计与实施。这一模式合作带来双重好处：私营企业的专业知识与创新能力结合公共部门的监管资源分配能力，从而在教育领域创造更有效率的、可持续发展的教育解决方案，在提高人才培养质量上发挥更加重要的作用。要想达到数字化职业教育的理想目的，教师除了具备传统的授课技能，还要对最新的数字工具和平台有深入的了解，并能将之整合到课程的设计和交付中。另外，教师还要深入了解如何分析和利用学习资料来改进教学方式，以提高学生的个性化学习体验。因此，专业发展和继续教育培训对教师来说必不可少。要保证教师与时俱进，紧跟技术和教育发展的趋势。因此，教师的发展与学习是适应教育技术发展的必不可少的环节。数字教育已渐成常态，学习者为了适应这种变化，需要具备一系列的新技能。除专业技能之外，数字素养也是十分重要的内容，它包括基本的计算机操作技能、网络安全防范意识及信息考核能力。另外，具有批判性思维、创造力和协作能力等软性技能也具有十分重要的意义，因为这些技能对于学习者在快速变化的工作环境中解决问题并适应新的情况是有帮助的。

数字化职业教育的有效实施，要求建立一整套全面的监控和考核制度。这套体系要能对学员的学业进展情况进行有效跟踪，对所教课程的成绩进行客观考核，并将反馈以有温度的形式及时传达给教育提供者及决策者，做到心中有数、有的放矢。如此方能在保持与市场需求的实时同步中做到因势利导、因时而变，在教育目标与劳动力市场需求上随时进行有目的的及时跟进与调整。

数字化职业教育将在今后几年不断发展。随着新技术的出现以及教育需求的不断变化，各国为了确保本国教育系统能够培养出适应新的技术生态的劳动力，都会不断调整自己的战略。数字化职业教育将为全球劳动力市场提供高质量、高技能的毕业生，通过国际合作、公共与私营合作伙伴关系、教师专业发展、学生技能培训以及强大的监控和评估体系等，促进经济增长和社会进步。

二、政策推动下的技术整合实践

在全球经济和科技快速发展的背景下，数字化已成为教育领域的关键趋势。职业教育作为培养专业技能、促进就业和满足劳动力市场需求的重要途径，其数字化转型对于提升教育质量和效率至关重要。各国根据自身的经济状况、教育体系和技术基础，制定了不同的数字化职业教育策略。这些策略不仅包括技术的引入，还涉及如何将技术与教育内容、教学方法和劳动力市场需求相结合的实践。以下是几个国家在政策推动下的技术整合实践概述：

1. 德国

在数字化战略方面，德国强调通过虚拟实训室、在线学习资源等信息技术和网络平台来提升学员的学习感受。例如，德国政府支持"职业教育4.0"平台的开发，该平台为支持职业教育中师生的互动与协作，整合了多种数字工具与资源。德国政府还与企业合作，针对工业4.0相关的技能需求，共同开发出针对性强的培训课程。

2. 美国

美国的职业教育数字化战略着重于提高技术的可访问性和灵活性，使不同学习者的需求都能得到满足。为此，美国政府采取立法与资金支持的办法，以促进在线课程应用移动学习和个性化学习路径的发展。例如，美国劳工部设立了"职业技术教育"项目，以提供技术资源与资金支持，以使学校和社区教育机构提高职业教育课程的完善程度。另外，美国政府还鼓励企业参与职业教育的课程设计与教学实践，从而保证培训内容与实际工作需求相衔接。

3. 芬兰

芬兰职业教育数字化策略强调创新，强调学习的个性化。芬兰政府通过立法和财政支持的方式，推动数字游戏和模拟环境的开发和应用。例如，芬兰政府支持开发将数字化学习工具与实际工作场所学习相结合，从而提供更实际、更个性化学习体验的"芬兰职场学习模型"。为了帮助成年人适应不断变化的劳动力市场，芬兰还在探索如何通过数字化手段为成年人提供终身学习的机会。

4. 澳大利亚

澳大利亚的职业教育数字化战略聚焦于提高教育的灵活性和可达性。澳大利亚政府通过立法和资金支持，推动了在线学习平台和远程教育技术的发展。例如，澳大利亚政府设立了"澳大利亚技能培训基金"，该基金旨在支持职业教育和培训（VET）领域的创新和技术整合。澳大利亚还重视评估和认证体系的数字化，以便更有效地跟踪和证明学习者的技能和成就。

5. 中国

中国职业教育的数字化战略以整合资源和技术为基础，以改善教育质量和提高效率为目的，以"国家职业教育平台"为依托，整合了大量的在线课程资源、虚拟实验室、模拟工作环境，以及与企业合作开发的定制培训课程等，通过"互联网+职业教育""中国制造2025"计划等多种途径进行技术革新和产业升级与经济转型的推进。比如，针对"中国制造2025"计划，中国政府推出"互联网+职业教育"项目，力求提高教育质量和效率，通过技术创新来促进产业升级和经济转型。此外，对于"中国制造2025"计划中涉及的其他技能开发，中国也提出了相应的数字化战略。

三、政策执行中遇到的挑战与克服策略

目前，数字化已经成为促进教育革新的关键动力，特别是在职业教育领域。各国政府已经认识到数字化转型对培养新时代人才的重要意义。但是这一转型过程也伴随着很多挑战，比如技术基础设施的不足、教育资源的不均衡分配、师资力量的缺乏、企业参与度的低下、法律和监管框架的滞后等。这些挑战对职业教育的数字化转型造成了一定的障碍，而各国针对这些挑战采取了不同的应对策略和措施。

1. 德国

在面对技术基础设施方面的挑战时，德国采取了与企业合作的方式，共同投资于教育基础设施的建设和升级。这种合作不仅包括提供资金，还包括共享技术知识和人力资源。德国政府还通过建立区域性的学习中心，确保了所有学习者都能平等地享有高质量的网络连接和技术设备，从而在一定程度上解决了覆盖不均的问题。许多职业教育教师可能习惯了传统的教学方式，对于数字化教学的理念、工具和方法不够熟悉，因此，提高教师的数字化教学能力，使其能够适应数字化教学的需求，成为一个重要

的挑战。为此，德国职业教育机构更加重视教师的数字化能力培训，通过组织各种培训活动、研讨会等，提高教师的数字化素养和教学能力。德国政府还鼓励教师积极参与数字化教学实践，探索新的教学方法和模式。

2. 美国

在美国，为确保所有学校和职业教育机构都能获得高质量、稳定的网络连接和支持数字化教学发展所需的硬件设备，以解决技术基础设施不完善的问题，政府采取对弱势学校和社区提供资金支持和技术援助的措施。这一做法有助于推动这些社区数字化程度的提高，缩小城乡之间、不同社会群体之间的数字鸿沟。美国政府鼓励私人部门和非营利机构参与资源开发和提供职业教育的服务，增加了教育资源的多样性和可获取性，这也是美国政府鼓励的一项重要举措。

3. 芬兰

芬兰政府为了提高企业对职业教育的兴趣，采取了政策激励和资金支持的方式。这些措施鼓励企业参与到职业教育的课程设计和实习安排中，通过建立校企合作的平台，促进了信息共享和资源互补，使教育内容更贴近实际工作需求。与此同时，许多职业教育教师可能面临技术更新迅速、难以同步的问题，因此，提高教师的数字技能，使其能够适应数字化教学的需求，也是一个需要关注的重点。为此，芬兰政府和教育机构合作，为教师提供数字技能培训课程，帮助他们掌握最新的教学工具和方法。芬兰政府也鼓励教师积极参与数字化教学实践，不断提升自己的数字素养。

4. 澳大利亚

为适应数字时代的教育需求，并保证数字化职业教育的质量和公平性，澳大利亚政府通过审查和更新相关法律和政策来应对法律和监管框架方面的挑战。澳大利亚政府为发展数字化职业教育出台了相关政策文件，以明确发展目标和方向，为数字化职业教育的发展提供了有力的政策保障，同时加大监管和考核力度，以有效保证政策的执行和落地，从而为教育资源的整合和共享提供依据。

5. 中国

中国在职业教育师资培养方面加大了投入，以应对师资力量不足的挑战。中国政府通过国家培养计划和国际合作项目，努力提高教师数字化教学能力。同时，为满足职业教育需求，中国政府鼓励高校与企业共同培养应用型专门人才。我国也存在着教学资源整合共享难的问题，政府为明确数字化职业教育的发展目标和方向，为其发展提供强有力的政策保障，出台了相关政策文件，以完善政策保障和激励机制，建立鼓励企业和社会各方面积极参与建设和发展数字化职业教育。

除了上述国家，其他各国也在采取措施来应对各自所面临的各种挑战。部分国家正在研究如何运用大数据与 AI 技术进行个性化教学，并研究把 VR 和 AR 技术运用起来，以提供给学生沉浸式的学习环境，既能使学生对复杂概念有更好的认识，又能使学生有安全的空间进行实际动手操作，从而使技能水平得到提高。

在全球化的背景下，各种国际职业教育项目以数字化平台为媒介，将世界各国的学校、企业专家紧密联系在一起，以共享最佳理论与实践资源为目的，既提高教育质量，又通过文化交流和全球认识增进相互了解与认同。因此，这一合作是十分具有必要性和广泛性的。

知识更新速度的不断加快以及职业生涯的不断延长，使数字化职业教育能为成年人提供更为灵活的机会，使他们可以在任何时候以任何方式来更新自己的技能与知识，这是随着社会发展而日益重要的一点。政府和各教育机构必须保证所有年龄段的学习者都能得到必要的技术支持与指导，才能实现这一目标。从这一点出发，我们的数字化职业教育在提供给学生一个学习空间的同时，也要注意针对不同年龄段的学生提供相应的技术辅导。

实施数字化职业教育时，随着越来越多的学习数据被收集和分析，确保这些数据的安全存储与合法使用尤为重要。这就要求政府和教育机构出台严格的数据保护政策，并采取相应的技术手段来避免数据的泄露和滥用，并对学习数据进行安全存储与合理运用。

使学习变得更为个性化、更灵活、更有成效的是数字化职业教育采用的新技术和方法，为成年人的终身学习提供机会也是数字化职业教育的目标之一。这实施起来可能会遇到一些挑战，但通过国际合作与多方参与是完全可以克服这些挑战并实现数字化职业教育的可持续发展的。因此，数字化职业教育大有可为，也必将成为未来职业教育的一个重要发展方向。

第二节
各国职业教育与数字技术融合情况

一、法国：政策框架与实际应用

如今，数字化已成为教育领域的关键趋势。职业教育作为培养专业技能、促进就业和满足劳动力市场需求的重要途径，其数字化转型对于提升教育质量和效率至关重要。各国根据自身的经济状况、教育体系和技术基础，制定了不同的数字化职业教育策略。这些策略不仅包括技术的引入，还涉及如何将技术与教育内容、教学方法和劳动力市场需求相结合的实践。

近年来，在职业教育与数字技术融合方面，法国展现出了积极而富有成效的努力。随着信息化时代的到来，法国政府意识到数字技术对于职业教育的重要性，并采取了一系列措施来推动两者的深度融合。

首先,法国政府明确提出教育数字化战略,致力于推动数字化教育。这一策略也充分体现在职业教育领域。法国政府设定了适合各年龄段学生的训练方式,确保学生在各个阶段都能获得数字能力。如小学阶段,为了让学生了解简单的算法技术,培养基本的数字技能,减少了屏幕接触,加强了数学基础知识的教学;初中阶段,重点指导学生掌握初步的编码技巧,了解数码工具的作用和使用方法;在普高、理工类高中重点加强数字计算机学科学生的特长培养,吸引更多的学生投身到这一领域;职高则通过重新设计培训流程、投入数字技术平台、加强校企合作等方式,开设网络安全、数据处理等课程。

法国政府为支持教育技术的发展以及数字化教学工作的开展,还采取了一系列的举措,如对教师进行数字化能力素养的培训,以提高教师对计算机科学的掌握程度,提高教师对数字化项目管理的熟悉程度,令教师对数字化在教案准备和教学实践中的运用有进一步的了解。

法国政府制定了中学生的数字设备标准以保证学生在校期间获得一定的数字技能。这对提高学生在日常学习和生活中应用数字技术的能力有正面作用,从而在提高学生数字素养的同时,也为学生今后从事数字技术相关的工作打下基础。

法国政府为促进职业教育与数字技术的紧密结合而出台了一系列的支持政策,制定了相关法规和标准以确保职业教育的质量和效果;设立了专项资金用于支持数字技术在职业教育中的应用与开发;建立了协调机制,以加强政府企业教育机构之间的合作与交流,共同促进职业教育与数字技术的融合发展。从上述举措中可见,法国在政策框架上对职业教育与数字技术的结合给予了高度重视。这也体现了法国在科技人才培养方面所作出的努力。同时这也为世界各国在科技人才培养方面提供了可借鉴的范本。

法国职业教育机构积极采用数字技术提高教学和学习效率,很多职业培训机构引入 VR 和 AR 技术来给学生创造更加真实生动的学习环境,使学生在虚拟环境中进行实践操作,进而提高学生的动手能力和技能水平。数字化教学平台也在法国职业教育中得到了广泛的应用,既提供了丰富的教学资源和在线课程,又通过提供个性化的学习路径和学习进度跟踪功能增强了学生学习的便捷性和高效性。因此,法国职业教育机构在数字技术方面的应用可谓是风生水起。

法国在职业教育与数字技术的实践结合上比较重视。不少企业和行业组织参与到职业教育的培训项目中来,在提高学生的动手能力和就业竞争能力的同时,也为企业的数字化转型提供了有力的人才保障。

总的来说,法国的职业教育与数字技术在融合上取得了显著的成效。政策框架的完善、应用的推广以及实践结合的深入,都有力地支撑了法国职业教育的数字化转型。

随着数字技术的不断发展和不断创新，今后职业教育与数字技术在结合上会日益紧密和深入，将对培养更多具备数字化技能的人才起到更大的促进作用。从这一点来看，法国在职业教育与数字技术的融合方面走在了世界前列。

法国的职业教育与数字技术融合情况表现在两个层面：一是政策框架方面，法国政府高度重视数字化转型对职业教育的影响，并制定了一系列政策和计划以促进这一进程，如推出"数字教育计划"，通过提供资金支持和技术资源，帮助学校和社区提升数字化水平；二是实际应用层面，即职业教育与数字技术的实际结合情况。

就法国职业教育与数字技术的发展而言，以下是主要融合的几个方面（图3-1）：

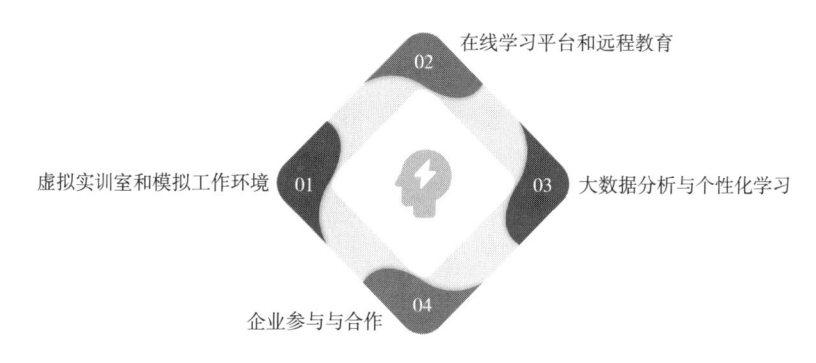

图3-1 法国职业教育与数字技术的融合

虚拟实训室和模拟工作环境：虚拟工作环境不仅是一种教学工具，更是职业教育数字化转型的重要标志，法国职业教育在这一领域的应用为全球教育体系提供了许多有益的经验和启示。虚拟工作环境几乎覆盖了所有职业教育领域，从工业自动化到医护教育，再到农业、航空等行业，这一技术的广泛应用大幅提升了学生的学习效率与就业准备度。法国职业教育在虚拟工作环境中的应用，不仅推动了职业教育的数字化转型，也为学生提供了更加灵活、沉浸和高效的学习体验。这一技术的成功应用为全球职业教育提供了有益的经验，展示了数字技术在提升职业技能与就业准备度方面的巨大潜力。

在线学习平台和远程教育：为了给学生提供灵活的学习方式和丰富的学习资源，法国政府大力鼓励和支持在线学习平台的开发和使用，并整合了多种数字工具和资源，如视频教程、在线考试、互动讨论区等，以促进学生自主学习和教师网上辅导。对在线学习平台的推广运用也是法国重视远程教育的一个重要体现。

大数据分析与个性化学习：法国的职业教育机构利用大数据技术和人工智能算法分析学生学习数据，进行个性化学习路线的设计与职业规划的相应建议。对学习过程与成果的实时监测，促使教育机构对学员的学习状况有更准确的了解并适时地调整教学策略与内容。

企业参与与合作：法国政府通过鼓励企业在职业教育的课程设计与教学实践中的

参与与合作来提高教育质量的针对性和实用性。企业与教育机构合作，共同开发课程，提供实习机会，分享专业知识和经验等。通过合作的模式，提高教育的针对性、实用性，既有利于提高教育质量，也有利于培养人才。

法国在促进职业教育与数字技术融合方面已经取得了显著成果，主要是在制定明确的政策框架和实施具体应用措施两个方面，对职业教育的质量和效率进行了有效促进，对劳动力市场的需求给予了满足。这给予了其他国家有益的借鉴与启示。但是，随着技术的不断进步和劳动力市场的不断变化，法国也面临着一定的挑战——要进一步提高教育的灵活性和适应性，保证教育的公平性和包容性。因此，对职业教育与数字技术融合的发展趋势，法国要不断加以重视，对有关政策与措施进行持续优化和完善。从这一点上看，推动职业教育与数字技术融合的法国在为世界提供有益借鉴的同时，也要注意自身面临的挑战。

二、英国：教育技术的创新与教师培训

随着科技的迅猛发展，教育技术逐渐成为教育领域的重要支柱，为教育改革和创新注入了新的活力。英国作为教育强国，始终走在教育技术的前沿，不仅积极推动教育技术的研发和应用，还高度重视教师的培训与发展，以确保教师能够充分利用教育技术提升教学效果。

在英国，教育技术的创新表现在很多方面。数字化教学资源的运用使学生在任何时间、任何地点都能进行学习，突破了传统课堂的时空限制，为激发学生的学习兴趣和学习热情起到了很大的作用；另外，VR 和 AR 等先进技术的应用使学生得到沉浸式的学习体验；再者，英国政府采取多项措施加强对数字教育品质的把关和增强数字包容性，以支持数字人才队伍的培育和壮大。例如，在英国教育部为 16~19 岁青少年提供的 T-Level 职业技术课程中，数字科目是重要的组成部分。该课程以帮助学生掌握数字技能为目的，为将来就业打下基础。英国在教育技术的创新和应用方面走在了世界前列。

英国注重数字技能委员会的作用，该委员会为政府和行业之间在数字人才培养领域的联络与合作提供组织协调和智力支持，解决数字技能人才短缺和质量不佳的问题。该委员会以提升全民的数字素养为目标，推动数字科技行业主导，满足行业当前和未来对数字技能的需求。

英国在职业技术教育与培训体系方面进行了系统性改革，这些改革包括确立雇主主导、需求导向的职业技术教育理念，提高高等职业技术教育供给规模与质量，促进职业技术教育与培训、高等教育协同发展，完善职业技术教育发展配套制度与支持体系。这些改革举措有助于确保职业教育与数字技术更好地融合，培养适应产业发展需要的高素质技能人才。

英国数字教学专业的培养目标是在培养学生运用数字技术进行教学的基础上，对数字教学技术的最新发展趋势有较深入的了解，并能将其运用到实际教学中；同时，还要求学生具备一定的教学设计能力，能针对不同学生的不同需求和教学目标，设计出适合的教学方案。

另外，英国的学校也在数字化变革方面取得了一定的积极进展。学校在推广现代化的互联网连接方式的同时，利用"云端"存储数据和提供网络服务，以开发创新性数字基础设施为重点提供发展机会，从而为学校基于"云端"的数据存储和网络服务提供基础保障并促使教育教学方式发生根本性变化。智能学习平台的出现，使学生可以根据自己的需求和兴趣选择适合自己的学习内容和方式，真正做到学有所得、学有所成。

但教育技术的革新同样需要教师的积极参与和促进，因此英国政府对教师的培养和发展十分重视。通过举办各种教育技术培训班、研讨班和实践活动，帮助教师掌握先进的教育技术知识和技能。英国还鼓励教师积极参与实践，不断提高教育技术素养，参与教育科技项目的研发和应用。

英国在培养过程中，注重教师的个体差异与需求，针对不同层次的教师，有针对性地提供个性化的培养方案。对刚入门的教师，以基本的教育技术知识、技能的训练为主；对有经验的教师，在教学中更注重创新应用教育技术，改进教学方法。为了激励教师不断提高教育技术水平和教学效果，英国还建立了一套完善的教师评价机制。

英国在教育技术的研究开发应用过程中积极引进社会资源和力量来推进教育技术的革新与开发。在此基础上，提倡教育技术的开放与共享，以激发学校和教师之间的合作与沟通，共同促进教育技术的进步与发展。因此，英国积极为教育技术的创新与发展创造有利的环境条件。

英国在教育技术的开发应用和师资培养上不断推进和强化教师培训，成功地将教育技术融会贯通于教育教学中，使教学效果和质量得到提高和增强。在此基础上，英国还大力倡导教育技术的开放与共享，在为世界教育技术的发展添砖加瓦的同时贡献了自己的一份力量。从整体上看，英国在教育技术创新和师资培养上的努力和实践无疑给世界带来了实实在在的好处。

随着科技的不断发展，需要教师不断提高教育技术素养和能力。教育技术创新与发展还面临着诸多挑战和机遇，未来教育技术的创新将更加多样化、个性化。为教育技术的创新和发展提供更好的环境和条件，也需要政策制定者和教育管理者加强政策引导和支持。

在全球经济和科技快速发展的背景下，数字化已成为教育领域的关键趋势。职业教育作为培养专业技能、促进就业和满足劳动力市场需求的重要途径，其数字化转型对于提升教育质量和效率至关重要。各国根据自身的经济状况、教育体系和技术基础，制定了不同的数字化职业教育策略。这些策略不仅包括技术的引入，还涉及如何将技术与教育内容、教学方法和劳动力市场需求相结合的实践。

在教育技术创新和教师培训两个层面上，英国的职业教育与数字技术融合得到了体现。英国政府在教育技术创新方面非常重视数字化改造对职业教育的影响，为推进这一进程制定了一系列的政策和方案。例如，英国政府启动了旨在帮助学校和社区通过提供资金支持和技术资源提高数字化水平的"数字教育计划"。此外，为确保职业教育内容和方式适应数字化改造的需要，英国还制定了"职业教育与培训2030"计划。

英国的职业教育和数字技术融合在教育技术创新方面主要表现在以下几个方面（图3-2）：

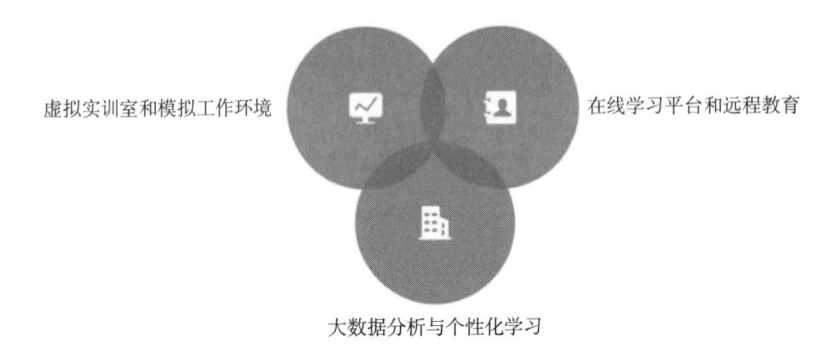

图3-2 英国职业教育和数字技术融合在教育技术创新方面的主要表现

虚拟实训室和模拟工作环境：英国政府为提供更多实践与互动的学习体验，支持建立了一系列虚拟实训室与模拟工作环境。这些设施利用VR和AR等先进的数字技术，模拟真实的工作场景，帮助学生在技能和知识掌握方面更上一层楼。

在线学习平台和远程教育：为提供灵活的学习方式和丰富的学习资源，英国政府鼓励开发和利用在线学习平台。这些平台整合了支持学生自主学习和教师在线指导的视频教程、在线测试、互动讨论区等多种数字工具和资源。

大数据分析与个性化学习：为了给学生提供更为个性化的学习路线及职业发展规划方面的指导，英国教育机构运用了大数据技术和人工智能算法进行学生学习数据的分析与挖掘，实时监测学生的学习过程与成绩，对学生需求与进步做到心中有数，及时调整教学策略与内容，有效地提高学生的学习效果与兴趣，在培养学生能力的同时，也为今后的职业发展打下了坚实的基础，实现了教育教学工作与信息化手段的有效融合。

为帮助教师提高业务水平，英国实行一系列教师培训计划和项目。形式有网上课程、网络研讨会、工作坊等多种形式，内容涉及教育技术的基础知识、教学设计、考核办法等方方面面。通过这些培训计划，教师对数字技术有了更好的认识和运用能力，教学效果得到了提高和促进，教师的教学与信息化技术相衔接。

英国通过制定清晰的政策框架和实施具体的应用措施，成功地提高了职业教育的质量和效率，满足了劳动力市场的需求，促进了职业教育与数字技术的融合。同时，英国的经验也在政策制定、技术应用、校企合作等方面给予其他国家特别有益的借鉴和启发。但如何进一步增强教育的灵活性和适应性，如何保证教育的公平性和包容性，随着技术的不断进步和劳动力市场的不断变化，英国还面临着一些挑战。因此，对于职业教育与数字科技融合的趋势，以及相关政策措施的不断优化和完善，英国需要继续关注。

三、美国：职业教育中的技术领导与资金支持

从世界范围来看，对提高教育质量、满足劳动力市场的需求、推动经济发展影响深远的职业教育数字化已成为重要趋势。在职业教育领域数字化进程中，美国作为全球科技创新的领导者之一，显示出了卓越的技术领导能力和雄厚的财力支持。下面详细概述美国的政策框架、实际应用案例，以及职业教育与数字科技融合所面临的挑战与应对策略。

为满足数字经济时代的需求，美国的职业教育体系已经主动做出了调整。在数字技术迅猛发展的今天，很多传统产业都在经历着数字化的变革，对劳动力的技能要求也在发生着深刻的变革。美国职业教育机构为适应这一变化，为确保学生具备在数字经济中竞争的能力，开始注重对数字技能和创新能力的培养。尤其是美国职业教育的发展在技术领导力和资金支持上堪称典范，为世界各国提供了宝贵的经验。

美国职业教育在技术的领导上积极引进前沿技术，重点培养具备高度的专业技能和开拓创新精神的人才。在新兴产业领域，如人工智能、大数据、云计算等方面，美国职业教育机构与企业进行密切合作，联合开发课程体系与教学方式，保证学生掌握当前最新的技术知识，具有跨学科思维与动手能力。另外，为了使学生能够运用所学到的知识并解决实际问题，美国职业教育机构与企业设置和组织了跨学科课程与项目实践活动等。总之，美国职业教育在技术领导上从多个方面进行努力，为学生的进一步成长提供良好的技术基础与能力训练。

美国包括政府在内，社会各界对职业教育发展的资金投入也日益增多。为支持职业教育机构的建设和人才培养，社会各界纷纷以各种形式对职业教育给予帮助和资助。这些资金投入不仅为职业教育提供了稳定的经费保证，而且有力地促进了职业教育与产业界的深度融合，对职业教育的创新发展也起到了重要的推动作用。因此，在职业教育发展过程中这些资助具有不可估量的意义。从总体上看，这些资金支持对加快职业教育发展具有十分重要的意义。

美国职业教育越来越重视跨领域合作与技能的终身学习，提供跨学科的课程和项

目，鼓励学员通过实习和实践项目获得实际工作经验，在职业技能和就业竞争力上有所提高。

美国职业教育在资金支持上还注意发挥市场机制的作用。通过市场竞争机制来鼓励职业教育机构提高教育质量和办学水平，从而吸引更多的学生和企业选择这些机构。这种市场机制的运用既提高了职业教育的整体竞争能力，又推动了职业教育资源的优化配置和高效利用，因此具有十分积极的意义。

在线教育和远程教育的兴起，也为美国的职业教育与数字经济的融合提供有力支撑。随着互联网技术的日益普及，越来越多的学生选择通过在线学习平台进行职业教育，这就大大扩大了职业教育的受众范围，提高了教育的灵活性和可访问性，因此有力地促进了职业教育与数字经济的相互融合。美国职业教育通过加大技术领导力度，加大经费投入，发挥市场机制作用，促使职业教育创新发展培育出更多的高素质技术技能人才，进而为促进国家产业升级和经济发展提供了有力的人才保障。为实现这一目标，需要政府、企业、社会各界的通力合作，形成合力，共同推进职业教育事业的繁荣发展。因此，政府应该加大职业教育投入力度，改革人才培养模式（图3-3）。

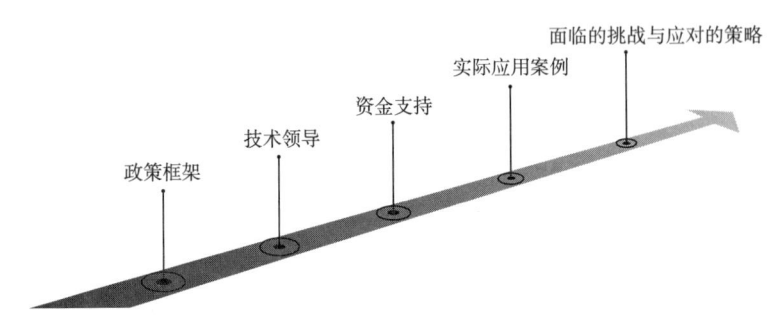

图 3-3 美国职业教育

1. 政策框架

技术的重要性和创新的必要性是美国职业教育政策框架所强调的。对于职业教育数字化转型，政府通过多项立法和方案予以支持。例如，美国的《职业技术教育法》为职业技术教育提供了广泛的支持，鼓励科技与创新方式的融合。此外，《美国教育科技国家计划》等政策文件对技术融合职业教育进行了战略性指导。

2. 技术领导

美国在职业教育中的数字技术领导力体现在以下方面：

创新的学习平台：美国职业教育机构采用了一系列创新的在线学习平台和课程管理系统，如 Moodle、Canvas 等。

VR 和 AR：美国在模拟工作环境和设备操作以提高学生技能训练效果方面处于领先地位。

移动学习和微学习：美国职业教育机构适应快节奏、灵活的需求，采用手机 App

和微学习模块，让学习者随时随地都能学到东西。

大数据和分析：利用大数据技术跟踪学生学习进度，为学生的个性化学习路径提供指导，并对教育决策给予支撑，美国正是这样利用大数据进行相关研究的。

3. 资金支持

联邦和州政府的拨款：政府为了支持学校、教育机构的技术升级和教育创新，通过专门的资金项目对它们进行资助。

私人和非营利组织的资助：诸如比尔及梅琳达·盖茨基金会等非营利组织，以及对教育和技术创新感兴趣的私人企业，为职业教育的资金支持都作出了重要贡献，在教育领域起到了不可忽视的促进作用。

学区和社区合作：两个组织联合起来，通过合作项目共同开展资金筹集活动来促进职业教育的数字化，使社区和学生都能从中受益。

4. 实际应用案例

在美国，职业教育与数字科技融合的成功案例不胜枚举。例如，利用网络资源和仿真软件，高中阶段的职教项目提供给学生实际操作的经验；社区学院与当地企业合作，针对特定的技能需求，开发在线课程和认证程序；科技公司与教育机构合作，开发专门针对可再生能源、高级制造业等新兴产业的培训项目。

5. 面临的挑战与应对的策略

虽然美国在促进职业教育和数字科技融合方面成绩斐然，但它所面临的挑战仍然不少。

技术基础设施不均：不同地域和学校之间存在着技术基础设施上的差距，影响了教育资源的均等性。

教师培训：对教师来说，培训是持续专业发展的必由之路，以学习最新的教学方法和技术工具为重点。

学生参与度：在线学习资源对学生参与和动机的不断提高提出了持续的挑战。

对以上所提的若干挑战采取以下应对策略：

提供平等的技术支持：政府与私营部门通力合作，保证各学区在技术资源上均能得到必要的支持和保障，使各学区在教育上都能有平等的机会。

加强教师培训：建立并持续执行教师专业发展计划，帮助教师适应数字化教学的需要。

增加学生的动手实践机会：通过实习和学徒制等模式，将在线学习与实际工作经验相结合，提高学生的参与度和学习效果。

综上所述，在数字技术融合的职业教育领域，由于美国的领导力和资金支持力度，在政策推动技术创新和资金投入方面取得了明显的成绩。目前美国的职业教育正在不断适应数字化时代的需求，能够为学生提供高质量的个性化学习体验和为劳动力市场培养出具备必要技能的专门人才。但是确保技术基础设施的普适性，提高教师队伍的数字化教学能力以及提高学生的参与性仍然是美国职业教育面临的主要挑战。要在全球职业教育的数字化进程中保持领导地位，在持续努力和创新的基础上，美国有望针对这些挑战继续发力。同时希望世界各国的职业教育机构也能做到数字化改造。

四、澳大利亚：行业合作与技术标准

随着全球经济的不断发展和科技的迅速进步，职业教育与数字技术的融合已成为各国提升教育质量、促进就业和满足劳动力市场需求的关键策略。澳大利亚在这一领域采取了一系列具有特色的措施，特别是在行业合作和技术标准方面取得了显著成就。以下是对澳大利亚在推动职业教育与数字技术融合方面的政策框架、实际应用案例、面临的挑战以及克服策略的详细概述。

澳大利亚政府对职业教育与数字技术的融合极为看重。人们清楚地认识到，随着数字经济的迅猛发展，很多行业都在进行数字化转型，对劳动力所必须具备的技能要求也在不断地发生着变化。因此，澳大利亚政府为促进职业教育机构与企业的协作出台了一系列具有前瞻性的政策措施，以培训有数字技能和创新意识的人才。为达到上述目标而建立起来的有组织、有计划的一系列政策框架不仅为职业教育与数字技术的结合指明了发展方向，而且给予了相应的财政支持和技术指导。这些政策措施有力地促进了职业教育与数字技术的融合而形成了行业合作的良好风气。

从实际运用上看，澳大利亚的职业教育机构正积极采用数字技术来推动教学模式和课程内容的改革与创新。例如，让学生运用 VR 和 AR 技术进行实战练习，提高实际运用能力；利用网上学习平台，使学员能随时随地学习课程资料，提高学习效率。在职业教育与数字技术融合的进程中澳大利亚也遇到了很多挑战，其中最为主要的挑战就是为数字技术制定统一的技术标准和评价体系。随着数字技术的飞速发展，新技术不断涌现，如何保证职业教育机构在教学过程中所采用的数字技术与行业要求和市场趋势相契合成了迫在眉睫的问题。因此，制定统一的技术标准和进行有效的考核，对保证职业教育与数字技术的融合具有十分重要的意义。同时，也要加强职业教育机构的自身建设，使其在教学中能够真正运用这些新技术。

为应对这一挑战，澳大利亚政府与企业及行业组织加强合作，共同制定了技术标准和评价制度，并广泛征求行业意见，保证了技术标准的先进性和实用性，对职业教育机构的教学质量及技术应用状况也进行了定期考核与监督，使教育质量得到稳步提升。

为达到培养学生数字技术运用能力的目的，澳大利亚同时加强师资培训和技术更新，保证教师具备足够的能力和素质，从而引导学生将学到的数字技术应用到实际学习和工作中。

澳大利亚的许多职业教育机构开设有与数码技术有关的课程，如资料分析员职业证书班，以帮助学生学到最新的资料分析方法；计算机职业证书班，以帮助学生学到最新的计算机技术；网络安全职业证书班，以通过与企业合作开展实习项目让学生实际运用所学知识，将理论联系实际并在实践中得到锻炼与提升。澳大利亚对职业教育与数字技术融合的成功案例及经验做法进行持续推广，以促进各职业教育机构之间相互学习与交流，各展其能，共同推动职业教育与数字技术融合的深入发展。

澳大利亚的许多职业教育机构与企业以及研究机构之间建立了非常紧密的合作关系。这种跨领域合作可以促进职业教育与数字经济的深度融合，使更多的有创新精神与实践能力的高素质人才得到锻炼与成长。

由此可见，在澳大利亚，为了促使职业教育与数字技术融合而制定的前瞻性政策布局、独特的实践模式和积极探索产业合作与技术标准等方面的工作取得了显著成效。随着数字技术的不断发展和应用领域的不断拓展，澳大利亚的职业教育与数字技术融合也将迎来更加广阔的发展空间和更加丰富的机遇，这一点是不可否认的。

1. 政策框架

澳大利亚政府对职业教育与数字技术的融合高度重视，并为此制定了一系列的政策和计划来支持这一进程，其中比较有代表性的是 2018~2023 年的"澳大利亚职业教育与培训战略"。该战略以提升职业教育的质量，增加其弹性和包容性为目的，对技术的重要性也作了重点阐述。另外，澳大利亚政府还在"数字化技术援助计划"等一系列资金支持项目中，对教育机构和企业采用数字技术给予了大力的鼓励和支持。

2. 行业合作

澳大利亚在行业合作上的做法，是其成功开办职业教育的其中一个关键因素。政府、教育机构、企业三方的密切配合，保证了职教内容与实际工作需要的紧密衔接，两者相互促进。

澳大利亚政府与企业共同开发了一套包含业界所需技能的标准和大纲，并不断更新以反映业界最新需求的标准化课程，名为培训包。

确保学生能够获得实际工作经验和最新技能，企业直接参与到职业教育的课程设计和实习安排中，使学生有机会在实际的工作场景下获得工作经验，并能在行业合作的实习和学徒制度中获得由企业提供的及时反馈与指导。

3. 技术标准

澳大利亚在对技术标准作出重大贡献的情况下，特别在整合数字技术方面，具有举足轻重的地位。在技术领域，澳大利亚为世界作出了重要贡献。

澳大利亚职业技术培训系统使用统一的电子记录系统，如澳大利亚技能监测与评价系统（ASMA），以跟踪和记录学生的学习成果及对学生技能的考核情况。

由政府和行业组织联合制定的数字技术应用标准，目的是使相关方在使用数字技术进行教育和培训时能够保持一致性和高质量，无论是个人用户还是服务提供商。

4. 实际应用案例

职业教育与数字科技的融合在澳大利亚有很多成功的案例。

昆士兰州政府与当地矿业公司合作，针对矿业工人进行安全操作技能培训，开发了 VR 培训项目。

新南威尔士州一所与软件开发商合作的职业学校，为学生提供了一个可以远程学习和实践软件开发技能的在线编程平台。

墨尔本的一家职业培训机构，利用手机学习 App，随时随地为学员提供学习资源，并提供个性化的意见反馈。

5. 面临的挑战与应对的策略

虽然澳大利亚在促进职业教育和数字科技融合方面成绩斐然，但它仍面临挑战：技术更新速度快，保持与行业标准同步的设备和课程内容需要教育机构不断更新；数字鸿沟的问题是存在的，高质量的数字教育资源不一定能够在某些地区被某些群体获得；为满足不断变化的教育需求，教师需要不断增强数字化教学能力。

澳大利亚采取了以下策略应对这些挑战：政府为教育机构提供技术设备更新、课程内容更新等方面的资金支持。通过政府补助、社会项目等方式，对偏远地区、弱势群体进行技术走访、技术帮扶。实施持续的教师专业发展方案以帮助教师获得最新的数字技术，掌握最新的授课方式。

澳大利亚将职业教育与数字技术相结合，在政策上加以推进行业上的合作与技术标准的制定，使学生在学习中既得到了教育质量的提高，又能学到与实际工作紧密相关的技能和知识，以应对快速发展的技术更新和数字鸿沟的挑战，并通过与政府、教育机构、企业等方面的通力合作不断克服这些困难，以完成职业教育从传统模式向数字化模式的转型。

五、德国：双元制教育与数字化的融合

从世界范围来看，提高教育质量，满足劳动力市场需求，推动经济发展，都被认为是职业教育数字化转型的关键。德国以其独特的结合理论教育和实际工作经验的双元制教育在这一领域取得了举世瞩目的成就。随着数字化技术的不断发展，德国正试图在其职业教育体系中融入数字化，为学生提供更现代化、更有效率的学习方法。

德国双元制教育以其独特的"学校+企业"双轨制教育模式，为学生提供理论与实践相结合的完美学习体验，至今在全球教育领域独占鳌头。随着数字化时代的来临，德国的双元制教育也积极拥抱这一变革，与数字化深度融合，为培养更多具有数字化技能的高素质人才奠定了坚实基础。双元制教育已经成为德国职业教育体系的核心。

双元制教育的核心是在培养学生理论知识的同时，让学生到企业中进行实际操作，

把所学理论运用到实际工作中，从而对所学知识进行巩固和运用，使学生在毕业后能够快速适应工作环境，在实际工作中具备较高的职业素养和专业技能，从而达到良好的就业效果。

德国的双元制教育也在数字化时代进行着不断的探索与革新。首先，学校在数字化技术的引进与运用上下了很大的功夫。引进先进的数字化教学装备和软件，为学生创造更丰富多样的学习资源和学习途径。其次，学校也积极与企业合作，以共同开发有实际应用价值的课程来适应市场对数字化人才的巨大需求。通过这种合作，学校为学生提供了更好的学习机会和工作实践机会。

企业纷纷加大了对数字化技术的投入力度，使生产效率和产品质量都得到了很大的提升。同时，企业也主动与学校合作，为学生创造更多实践锻炼的机会和就业岗位，使他们实际运用所学知识的能力得到了锻炼和提高，从而在工作中能够更好地运用所学。

在双元制教育与数字化的融合过程中，政府出台了一系列政策措施来鼓励和支持学校与企业进行深度合作，共同促进数字化教育的发展。政府也加大了对数字化教育的投入力度，使教育资源的数字化水平得到了提高，从而为双元制教育的数字化融合提供了有力保障。因此，政府在双元制教育中加强数字化教育推进工作，以提升教育质量。同时，政府为学校与企业合作提供更多的支持。

德国的双元制教育在数字化融合方面还注重培养学生的创新能力和跨学科素养，由学校和企业合作提供丰富的创新实践机会，鼓励学生跨领域学习，培养解决问题的综合能力。这种教育模式既有助于学生在数字化时代脱颖而出，又能为德国的经济社会发展培养更多具备创新精神和跨学科素养的高素质人才，从而使德国在数字化时代的国际竞争力得到提升。

德国的双元制教育在与数字化的深度融合上，为培养具备数字化技能的高素质人才提供有力支撑，并通过学校与企业的紧密合作，继续在全球教育领域发挥引领作用，为培养更多适应数字化时代的高素质人才贡献自己的智慧和力量，同时发挥双元制教育模式的优势。

1. 政策框架

德国政府对职业教育与数字技术的融合高度重视，并为此制定了一系列政策和方案来支持这一进程。其中比较典型的有"职业教育4.0"计划，该计划旨在通过技术创新来增强职业教育的质量，提高它的弹性和透明性。另外，德国政府还通过提供资金支持，以鼓励和促使教育机构和企业采用数字技术。

2. 双元制教育

德国的双元制教育将学习分为理论学习和实际操作两个部分，让学生在真正的工作环境中，学以致用，融会贯通。理论学习部分一般在学校或职业培训中心进行。实际操作部分是在企业中进行的,学员们在此得到的是实际的从业经验与技能。

3. 数字化的融合

德国正致力于在其双元制教育体系中融入数字化,以实现教育质量和教育效率的提升。

在线学习平台:德国职业教育机构采用了提供丰富互动功能和自适应学习工具的 Moodle、Canvas 等一系列在线学习平台和课程管理系统。

VR 和 AR:德国在模拟工作环境和设备操作以提高学生技能训练效果方面处于领先地位。

移动学习和微学习:德国的职业教育机构适应快节奏、灵活的需求,采用了让学习者随时随地都能学习的移动应用和微学习模块。

大数据和分析:德国通过大数据分析、个性化学习路径、支持教育决策等手段追踪学生的学习进展。

4. 实际应用案例

德国展现职业教育融合数字科技的成功案例很多:职业学校与当地企业合作,针对工人的安全操作技能进行培训,开发了 VR 培训项目;利用手机学习 App,一家职业培训机构随时随地为学员提供学习资源,以及个性化的意见反馈;职业学校与软件开发者合作,为学生提供在线程序设计平台,让学生可以进行软件开发技巧的远程学习与实践。

不来梅大学开展了"无纸化教室"项目,以数字化教学材料取代纸质教学材料,让数字化教学不再局限于学校的计算机教室。这种开放的学习环境要求学生要有一定能力抵御注意力被干扰和分散到数字媒体上。

综上所述,德国在职业教育与数字技术融合方面展现出了强大的行业合作能力和技术标准制定能力。通过政策推动、行业合作和技术标准的制定,德国的职业教育系统不仅提高了教育的质量和效率,也为学生提供了与实际工作紧密相关的技能和知识。尽管面临技术更新速度快、数字鸿沟和教师培训等挑战,但通过政府、教育机构和企业的合作,德国正在不断迎接这些挑战并采取相应措施,以实现职业教育的数字化转型。

第三节
国际案例研究——成功的数字化"双师型"教育模式

一、案例选择标准与背景

教育技术的不断进步和教育需求的日益多样化,使数字化"双师型"教育模式在全球范围内日益受到重视。它把线上和线下的教学资源整合起来,由资深教师和在线教师共同完成教学任务,以提高教育质量、促进资源共享和满足个性化学习需求。在国际案例研究的背景下,必须借鉴成功的数字化"双师型"教育模式案例。数字化"双师型"教育模式以它独特的优势逐步在教育领域崭露头角。从这一模式中,我们可以学到很多,也期待在未来它能够给教育带来更大的变革与进步。

数字化"双师型"教育模式,结合了线上与线下的教学资源,由校内外的教师共同授课,通过线上学习与线下实践的有效结合,使学生得到更全面的锻炼和提高,对培养学生的综合素质有一定的帮助作用。因此,这种教育模式是值得我们提倡的。

我们选择的国际案例是按以下标准筛选出来的:该案例应具有一定的代表性,能够反映出数字化"双师型"教育模式的典型特点;该案例应具有一定的创新性,能为其他教育机构提供可借鉴的经验;该案例应具有一定的实践性,能够为解决目前教育领域出现的问题提供有效的途径。接下来,我们就结合几个成功的国际案例,对数字化"双师型"教育模式的实施过程及其成效进行深入的剖析。

新加坡的"双师课堂"项目:该项目通过线上平台将优质教育资源分享给全国范围内的学校,由资深教师和在线教师共同完成教学任务,取得了显著的教育成果。

芬兰的"双师在线学习社区":该项目利用数字化技术打造了一个在线学习社区,使学生能够在线下教师的指导下自主选择线上课程,实现了个性化学习的目标。

中国的"互联网+"教育模式:运用网络信息技术,结合线上线下的教学方式,使教育资源得到更充分的共享,有力地促进了个性化学习以及教育的公平和质量的提高。

二、案例实施中的关键成功因素

有效的协同机制:为了成功开展线上教学与线下授课的紧密协作与信息共享,在协同机制的建立上要充分考虑分工协作的流程和沟通渠道的完善。

优质的教育资源:包括精心设计的课程内容、多媒体教学材料和互动式学习工具等,是吸引学生和教师参与的关键,在教学中起着举足轻重的作用,使学生的学习效果能够得到提高。

灵活的学习环境:给学生提供灵活的学习环境和个性化的学习路径,使他们能根据自己的需求和兴趣进行学习,从而提高学习动力和效果,这是学校的一项重要工作。

技术支持和基础设施:数字化双师教育模式能够顺利运行的基础是稳定和高效的技术支持和基础设施,其中包括高速网络连接、可靠的学习平台和易于使用的学习设备等,它们使学习变得更为简单方便。

持续的专业发展支持:学校要为教师提供持续的专业发展支持,使教师能够学习新的数字化技术和教学方法,这是保证教学质量的关键。

前文提到的三个国际成功案例,都在这些方面有所实践。

新加坡的"双师课堂"项目：建立了行之有效的协同机制，向全国范围内的学校提供优质的教育资源，有效地促进了教育质量的提高和教育的公平性。在该项目的助力下，学生们获得了更丰富的教育资源，提高了学习的质量和效果。

芬兰的"双师在线学习社区"：这一项目致力于给学生提供灵活多变的学习环境，根据学生自身情况，由线下老师指导，学生自主选择网上课程进行学习，从而达到个性化教育的目的。

中国的"互联网+"教育模式：为教育提供稳定高效的基础技术支持，以及持续的专业发展支持，有力地促进了教育的公平与质量的提高，使广大师生在教学中得到更好的发挥。

数字化"双师型"教育模式作为一种新兴的教育形式，正逐渐成为全球教育领域的关注和焦点。深入分析关键成功因素，借鉴国际上成功的案例经验，对数字化"双师型"教育模式有了更好的认识和执行，不仅有助于提高教育质量，促进资源共享和满足个性化学习需求，而且能为其他教育机构或地区提供宝贵的经验和启示。

除了以上的关键成功因素，要实现"双师型"教育模式的数字化，还需要构建一个综合性的框架。

1. 政策支持与战略规划

政府和教育主管部门需要制定清晰的政策和战略计划，以支持数字化"双师型"教育模式的发展；为实施该模式提供资金支持，鼓励创新试点项目，并创造有利于教育技术发展的法规环境。

2. 教育内容的设计与开发

课程内容需根据最新的教学标准设计，同时融入互动性和多媒体元素，以增强学习的吸引力和效果。开发适应不同学习风格的教学材料，确保所有学生都能从中受益。

3. 教师培训与专业发展

组织专门的培训项目，帮助教师熟悉数字化工具，熟悉"双师制"教学模式，为教师不断更新教学技能和技术知识提供机会。

4. 技术平台与基础设施建设

投资建设包括高速宽带连接、云计算服务以及数据保护措施等在内的稳定计算机基础设施。开发用户友好的网上学习平台，保证学生和老师都能方便地接入和使用。

5. 学习环境与资源整合

根据学生个人的进度和兴趣爱好，创造一个灵活的学习环境。整合线上线下资源，保证二者互为补充，全方位提供教育资源。

6. 评估与持续改进

建立考核机制，对各教学模式的效果进行定期收集反馈信息，然后对其效果进行综合评定，并找出各教学模式中存在的问题和改进的空间。通过建立考核机制，促进教学模式的不断完善。为鼓励教育创新，对教学内容和方法进行持续的优化，做到与时代发展相适应，使教育更加有效。

7. 社区参与与合作

鼓励企业和其他社会组织参与教育过程，形成多方合作的生态系统，发挥更大的作用，使教育过程更具成效。与科技公司合作以获得最新的技术支持和资源，以共同促进教育事业的发展，是当前最行之有效的办法。

8. 可持续性与扩展性

保持模式的可持续性，持续更新教育资源。

适应不同规模和类型的教育机构。

从技术角度来说，"双师型"教育模式的数字化需要流畅、可靠、易用、便携的互联网资源和设备支持。它们包括：

1. 高速可靠的网络连接

稳定且快速的互联网连接是高质量实时互动教学的必备条件，不管是城市学校还是乡村教室。

2. 强大的教学管理平台

一整套集中的教学管理系统，能够协调线上和线下的教学活动，提高学生的学习效率，对学生学习进度进行跟踪，并对学生的学习情况提供个性化学习资源。

3. 易用的界面与交互设计

对在线资源进行用户友好的界面设计，是保证教师和学生有效使用网络资源的关键。具有良好用户体验的界面设计，能让使用者轻松找到所需资料。

4. 移动学习的支持

智能手机与平板电脑的普遍使用，使移动学习的地位日益突出。各种教育应用和移动式的网页为学生在任何地方随时随地进行学习提供了便利条件。

5. 数据分析与自适应学习

为了给学生提供定制化的学习路径和资源，利用大数据分析来了解学生的学习习惯和效果。

6. 云服务与资源共享

通过云存储和共享服务，在促进教学资源共享和协作的同时，确保最新版本的教材和课件可以做到人人可用。

三、案例的可持续性与扩展性

对国际上成功的数字化"双师型"教育模式进行研讨时，除分析关键成功因素外，对案例的可持续性与扩展性也进行了重点考虑。这两个方面是评价案例的长期影响和广泛适用性的十分关键的因素。

数字化"双师型"教育模式要实现可持续发展，有以下几个要素需要考虑：

经济可持续性：通过合作伙伴关系、政府资助、收取学费或其他创新的金融机制来实现经济上的自给自足。这些成功的案例往往能找到有效的商业模式。例如，中国的"互联网+"教育模式，政府投入力度大，政策支持力度大，既减轻了前期投入负担，又能在更大范围内保证模式落地。

技术可持续性：教育技术包括开源软件的使用，模块化的技术保持，保证系统易于升级。

教育内容可持续性：教育内容的不断更新是必不可少的，这些内容通常需要和教育专家合作，需要和出版社合作，也需要和其他教育机构合作。适应新的学科领域和学习目标，课程设计要灵活多变。

教师培训可持续性：定期开展专业拓展课程和岗位培训，保证教师同步更新授课方式和技术。在数字化的教学环境下，对老师们树立信心、练就一技之长也有很大的帮助。

在扩展性方面，有几个重点考虑的问题：

地域适应性：教育方式要能与文化、语言、法规等不同地域的要求相适应。例如，芬兰的"双师在线学习社区"强调本地化策略，确保课程内容与当地学生的学习背景和需求相匹配。

规模适应性：教育模式要灵活，适应不同的教学规模，不管是大型学校还是小型教室，这里面可能涉及课程内容的调整，技术解决方案的不同层次运用等。

学科适应性：教育模式不应局限于某一门具体学科，而应涵盖为满足各种学习需求，从数学到艺术的各个学科领域。

技术普及性：技术平台和工具的易用性及可接入性决定了它们是否能够被广泛采用。开放的技术标准和简化的用户界面对此至关重要。

国际上很多成功的例子都表明，数字化"双师型"教育模式具有很高的可持续性和扩展性，可以为各个年龄段的学生提供全方位的教育服务。

新加坡的"双师课堂"项目：该项目得到了政府及私营部门的大力支持，并在不同地域及学科领域得到了应用。它的模块化技术基础架构及持续的教育内容开发，为其他国家和地区提供了一个宝贵的参考依据。

芬兰的"双师在线学习社区"：该项目在各类教育机构中取得了成功，提供开放的教育资源和个性化学习路径。它的扩展性来自对多样化学习需求的适应性和对新技术的快速响应能力，从而为不同规模和类型的机构都带来可借鉴的实践经验。

中国的"互联网+"教育模式：这一模式论证了对政府主导下的教育改革如何借助技术进行可持续性和扩展性变革，通过全国性的政策推广和资金投入，该模式已经在中国各个地区不同学科领域得到了广泛运用，取得了一定的成效。

对以上案例及其成功的关键因素进行深入剖析，我们能够更好地认识和实施数字化"双师型"教育模式。而上述案例不仅证明了这一新型教育模式之创新性及有效性，而且为全球教育领域在可行的模式和宝贵的经验基础上，提供了参考的范本。

在此基础上，为使这一教育模式能够更好地服务于全球不断变化的教育需求，对于如何改进和适应这一教育模式进行进一步的探讨与研究也是必不可少的。

第四节
案例分析与学习要点

一、案例分析方法与目的

案例分析的一般步骤是：确定案例的代表性、新颖性和可研究性；通过多种途径收集资料，包括查阅文献、访谈等；对所收集到的资料进行整理分析；提炼出案例中的关键问题和规律；形成结论并提出相应的建议和对策；在选定案例时，需要保证其具有实际意义；在收集资料时，需要运用多种方式获得比较全面的信息，对收集到的资料进行整理分析，提炼出案例中的要点问题和规律；形成结论并提出相应的建议和对策。

案例分析的目的在于通过深入研究具体案例，揭示其内在规律和特点，为相关领域的理论发展和实践应用提供有益的参考，具体表现为：帮助加深对相关理论的理解和把握；结合具体案例对已有理论进行分析比较；通过对案例的研究发现案例中所反映的普遍规律；运用该成果对相关领域的实践进行指导。

把理论知识运用到具体实践中，可以加深对知识的认识与把握。把注意力集中在现实中出现的问题和挑战上，通过学习案例来分析问题产生的根源和关键因素，然后提出针对性的解决办法来解决实际问题。案例分析既能揭示问题的本质和规律，又能总结成败得失的经验和教训，对今后的实践起到指导作用。

在国际范围内，有许多成功的数字化"双师型"教育模式案例可以通过案例分析方法进行深入研究。以下是一些相关的案例：

荷兰的在线双师教育模式：通过案例分析，我们可以了解到荷兰是如何提高教育的普及率和质量，尤其是在偏远地区。在线双师教育模式使更多的学生能够接触到优质的教育资源，也为当地教师提供了与同行交流学习的机会。

新加坡的"双师课堂"项目：通过案例分析，我们可以了解该项目如何通过有效的协同机制和优质的教育资源实现优质教育的普及。同时，分析项目中的挑战和解决方案有助于我们在未来实践中避免出现类似问题。

芬兰的"双师在线学习社区"：通过案例分析，我们可以理解如何通过灵活的学习环境和个性化学习路径满足学生的个性化学习需求。探讨该项目中的技术和教育资源的可持续性的同时，也为其他教育机构提供了宝贵的经验。

澳大利亚的远程双师教育模式：通过案例分析，我们可以了解到该模式有效地解决了澳大利亚教育资源分布不均的问题，使偏远地区的学生也能够接受优质的教育，也让我们学习到如何促进不同地区教师之间的交流和合作，提高整个教育系统的质量。

中国的"互联网+"教育模式：通过案例分析，我们可以学习如何在政策推动下实现教育可持续性发展，并探索技术平台和教育资源更新优化的长期可持续发展保障。分析该模式在不同地区和学科领域的扩展性也为其他地区提供了实践指导。

案例分析方法在数字化"双师型"教育模式的研究中具有重要意义。通过深入分析关键成功因素、挑战和解决方案，我们可以从成功的案例中提取有价值的学习点，并指导未来的实践。这些案例不仅展示了数字化"双师型"教育模式的创新性和有效性，也为其他教育机构或地区提供了宝贵的经验和启示。

二、学习要点与教育意义

在深入研究数字化"双师型"教育模式的国际案例时，我们不仅需要关注案例的具体实施过程和成功因素，还需要从中提炼出关键的学习要点，并探讨这些学习要点对教育领域的广泛意义。以下是对学习要点及其教育意义的详细探讨。

1. 学习要点

在成功的数字化"双师型"教育模式案例中，我们可以提炼出以下学习要点。

协同机制的重要性：有效的协同机制是确保线上和线下教师紧密合作和信息共享的关键。这包括明确的分工、协作流程和沟通渠道。

优质教育资源的作用：优质且丰富的教育资源是吸引学生和教师参与的关键。这包括精心准备的课程内容、多媒体教学材料和互动学习工具等。

灵活的学习环境的影响：为学生提供灵活的学习环境和个性化的学习路径，有助于提高学习动力和效果。

技术支持和基础设施的必要性：稳定且高效的技术支持和基础设施是数字化"双师型"教育模式顺利运行的基础。

持续的专业发展支持的价值：为教师提供持续的专业发展支持，帮助他们掌握数字化技术和教学方法，是确保教学质量的关键。

2. 教育意义

这些学习要点对于教育领域具有广泛的教育意义。

提升教学质量：通过有效的协同机制和优质的教育资源，可以提升教学质量，满足学生多样化的学习需求。

促进资源共享：数字化"双师型"教育模式鼓励教育资源的共享和优化利用，有助于缩小教育差距，实现教育公平。

增强学习体验：灵活的学习环境和个性化的学习路径可以增强学生的学习体验，激发他们的学习兴趣和主动性。

推动技术应用：强调技术支持和基础设施建设的必要性，有助于推动教育技术的应用和发展。

培养未来教师：持续的专业发展支持有助于培养适应未来教育需求的教师队伍。

三、实际应用案例的教育意义

"双师型"教育模式是指由专业教师和行业专家共同组成的教学团队，通过结合理论教学与实践指导，提供全面的教育支持。随着数字化技术的飞速发展，许多国家和地区已将"双师型"模式与数字技术结合，创造了许多成功的案例，这些案例为教育领域提供了宝贵的经验和启示：

1. 数字化"双师型"教育模式的创新性

数字化"双师型"教育模式的核心创新在于其"线上+线下"结合的教学方式。传统的"双师型"模式通常依赖于教师和行业专家的面授，而数字化模式则借助信息技术，如在线课程平台、虚拟课堂、学习管理系统（LMS）等，使教师与行业专家能够更高效地协作与沟通。比如，教师负责传授理论知识，行业专家则通过线上讲座、虚拟实训等方式进行实际操作的指导。这样的融合不仅增强了学生的知识深度，还提高了实践能力，尤其是在缺乏实体实践条件的情况下。

2. 案例分析：德国的"双师型"数字化教育模式

在德国，职业教育体系长期以来就有"双师型"教育模式的实践，而随着数字技术的引入，这一模式得到了进一步的创新。德国的"双师型"职业教育以"Dual Study Program"著称，即学生在大学或职业学校学习理论知识的同时，还在企业中进行实践。近年来，德国在此基础上融入了数字化元素，尤其在智能制造、工业4.0等领域，通过虚拟实训和数字化平台，教师和企业导师可以更加灵活地互动。例如，通过使用虚拟工厂软件，学生不仅能在课堂上学习制造原理，还能通过模拟操作掌握设备使用技巧。

3. 案例分析：中国的数字化"双师型"模式

在中国，数字化"双师型"教育模式近年来也得到了广泛的应用，尤其在高职院校和职业技术教育中取得了显著成果。例如，一些高职院校通过"智慧课堂"结合"云端实训"，将教师的理论讲解与行业专家的实践指导结合起来，学生通过在线学习平台观看教学视频和案例分析，再通过虚拟仿真软件进行实操。特别是在现代物流、智能制造、人工智能等领域，行业专家通过远程视频会议或在线讲座与学生互动，不仅提升了教学质量，也解决了行业实践与学校教育之间的脱节问题。

4. 教育意义与启示

通过成功的案例分析，可以提炼出几个关键的教育意义。

提升学生综合素质：数字化"双师型"模式不仅提升了学生的专业技能，还帮助其提高了数字化素养，这在未来的就业市场中尤为重要。

促进教育与行业的深度融合：通过行业专家的直接参与，教育与实际工作需求的契合度大大提升，学生可以更好地适应未来职业发展的挑战。

教育资源的优化配置：数字技术的应用，使教育资源能够跨越地域和时间的限制，教育质量得以普遍提升。

总体而言，数字化"双师型"教育模式通过引入行业专家与数字技术的结合，为教育领域提供了新的发展方向。其他教育机构和地区可以借鉴这一模式，特别是在职业教育和技术教育中，将有助于提升教育质量并培养更加符合未来需求的人才。

通过深入分析成功的数字化"双师型"教育模式案例，我们可以提炼出学习要点，并探讨这些学习要点对教育领域的广泛意义。这些案例不仅展示了数字化"双师型"教育模式的创新性和有效性，也为其他教育机构或地区提供了宝贵的经验和启示。

在探讨数字化"双师型"教育模式的国际案例时，我们不仅需要关注案例的具体实施和成功因素，还需要从中提炼出关键的政策与实践建议。这些建议对于指导未来的教育实践和政策制定具有重要意义（图3-4）：

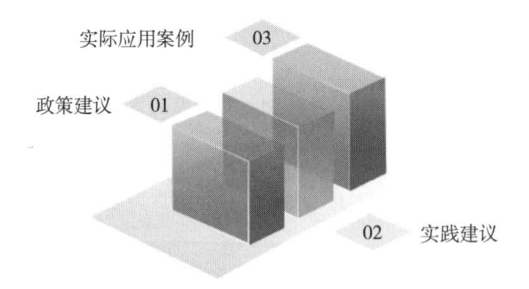

图3-4 实际应用案例的政策与实践建议

1. 政策建议

基于成功的数字化"双师型"教育模式案例，我们可以提出以下政策建议。

支持协同机制建设：政府应制定相关政策，支持学校建立有效的协同机制，促进线上和线下教师的紧密合作和信息共享。

优化教育资源分配：政府应在教育资源分配上进行优化，确保优质教育资源能够公平分配给所有学生，特别是弱势群体。

提供灵活的学习环境：政府应鼓励学校提供灵活的学习环境和个性化的学习路径，以满足不同学生的学习需求。

加强技术支持和基础设施建设：政府应加大对教育技术和基础设施的投入，确保数字化"双师型"教育模式能够在稳定且高效的环境中运行。

持续教师专业发展支持：政府应制定相关政策，为教师提供持续的专业发展支持，帮助他们掌握数字化技术和教学方法。

2. 实践建议

在实践层面，我们也可以提出以下建议。

建立有效的沟通渠道：学校应建立线上和线下教师之间的有效沟通渠道，确保信息的及时传递和问题的快速解决。

精心准备课程内容：学校应精心准备课程内容，包括多媒体教学材料和互动学习工具等，以提高学生的学习兴趣和学习效果。

提供个性化的学习路径：学校应根据学生的需求和兴趣，提供个性化的学习路径，帮助学生实现自主学习。

加强技术培训和支持：学校应加强对教师的技术培训和支持，确保他们能够熟练运用数字化技术和工具进行教学。

定期评估和反馈：学校应定期评估数字化"双师型"教育模式的实施效果，并根据反馈进行调整和改进。

3. 实际应用案例

在国际范围内，成功的数字化"双师型"教育模式案例为我们提供了丰富的政策与实践建议。

新加坡的"双师课堂"项目：该案例表明在教育改革和创新方面取得了显著的进展。这种教学模式通过引入两位教师（通常是本地教师和外籍教师）共同授课的方式，为学生提供了更加多元化和互动性的学习环境。这说明政府的支持和政策的推动是实施数字化"双师型"教育模式的关键。因此，政府应制定相关政策，引入外籍教师，支持学校建立有效的协同机制和提供优质教育资源。

芬兰的"双师在线学习社区"：该案例表明该国在教育领域内的创新和对高质量教育的追求。这种教育模式将传统面对面教学的优势与在线学习的灵活性相结合，通过两位教师（通常是一位专业学科教师和一位在线辅导教师）的协作，为学生提供了更加丰富、多样化和个性化的学习体验，强调了灵活的学习环境和个性化学习路径对学生学习体验的积极影响。所以学校应提供个性化的学习路径，满足不同学生的学习需求。

中国的"互联网+"教育模式：该案例将教育资源进行整合与共享，打破了地域和时间的限制，有助于缩小教育差距；同时创新教育模式，使学习更加灵活、个性化，提高了教学效率和教育质量。这表明技术的投入和支持对于数字化"双师型"教育模式的顺利运行至关重要。政府应加大对教育技术和基础设施的投入，并提供持续的教师专业发展支持。

通过深入分析成功的数字化"双师型"教育模式案例，我们可以得出关键的政策与实践建议。这些建议对于指导未来的教育实践和政策制定具有重要意义。政府、学校和其他教育机构应根据自身情况，借鉴这些建议，推动数字化"双师型"教育模式的发展。

第四章
"双师型"教师的数字化与专业化发展

第一节
数字技能与教师专业化的关系

一、教师专业化对数字技能的依赖性

在信息技术日新月异的今天，数字技能已经成为教师职业化发展的一个重要环节。教师既要掌握传统的教学知识和方法，又要适应信息化教育，掌握数字化教学的技能。

数字化教学不仅向教师提出了更高的要求，也为教师提供了更多的机会。借助多媒体教学软件、在线教育平台等数字工具，教师能创造比以往更生动的课堂环境，激发学生的学习兴趣和学习热情。另外，这些工具也能帮助教师更方便地收集和整理教学资源，进而使教学效率得到提高并达到良好的授课效果。总之，这些数字化工具是帮助教师在教学过程中发挥更好作用的有效途径。

数字技能，配合数据分析、人工智能等数字化工作，使个性化教学成为可能。教师能针对学生的实际学习情况为他们量身定制学习计划，培养学生的自主学习能力和创新思维。

数字技能使教师能更便捷地与学生及其家长进行交流，从而对学生的学习和成长给予更多的重视和关心。数字技能还能促进教师之间的相互协作与分享，从而为教育教学工作的不断创新与发展多作贡献。因此，在教学中要提倡运用数字技能。

数字技能的发展也带来了一定的难题，主要表现在三个方面：如何保证信息的安全性和保护隐私；如何将传统教学方法与数字化教学相结合；如何提高广大教师的数字化素养与技能水平。针对上述问题，在推进数字技能教育的过程中要不断地进行探索与解决。一以贯之，数字技能教育才能真正取得实效。

不可否认，数字技能的巨大潜能与价值是不容忽视的。为应对数字技能发展带来的挑战，采取一系列措施是十分必要的。第一，对教师进行数字技能方面的培训，提供定期的培训课程与网上学习资源，使教师对数字技能的核心知识和运用能力有深入的了解；第二，对教师的数字素养与技能，要建立健全的评估机制进行定期考核与评价，以激励教师不断提高自身数字技能水平；第三，在信息技术方面加大监管和管理力度，做到在教育教学过程中对信息安全与隐私的保护，防止技术的滥用和误用；第四，采取综合措施，加强对教师和学生的信息素养和数字技能的教育与培训。

数字化教学工作，并非以完全代替传统授课方式为前提，更多的是为了丰富和拓展课程内容与形式所运用的辅助性手段。在推动数字技能教育的过程中，需要重视平衡与融会贯通。充分发挥数字技能与传统授课方式各自的优势，使两者相互补充、相互促进，进而促进教育教学工作取得较好的效果。教师凭借的是扎实的专业知识和丰富的教学经验以及独特的授课方式，使学生提升知识技能，从而培养一批又一批优秀人才。

在数字化时代，教育界同样风云变幻。作为新时代教育核心的数字技能，已渗透到教师专业化的每一个环节中。教师在传统教学中承担传道、授业、解惑的使命，靠专业知识、经验、风格来培养人才，但是，信息化的发展使传统的教育方式无法适应现代教育的需要。于是，数字化的技能就成了教师专业化的一个关键环节。

数字技能包括计算机操作使用、网络应用数据分析、多媒体制作等方面的内容。教师在日常的教学中，为了取得更好的授课效果和满足学生的需求，需要对这些数字技能有一定的了解和运用。

数字化时代，教育领域面临着空前的挑战和机遇，作为核心要素的数字技能正在逐渐渗透到教师专业化发展的每一个环节，成为不可或缺的一部分。数字技能既改变了教师的授课方式，又深刻地影响着学生的学习方式和学习效果，所以教师专业化对数字技能的依赖度日益突出。

教师专业化对数字技能的依赖体现在以下方面：

数字化教学资源的开发与利用：电子教材、网络课件、网络视频等数字化教学资源随着信息化的发展而日益丰富。为了有效地开发、整合和利用这些资源，为学生提供更加丰富生动的教学内容，教师需要掌握一定的数字技能。

建设与管理数字化教学环境：包括多媒体课堂、网络课堂、网上学习平台等在内的数字化教学环境。教师为保证教学活动的顺利进行,需要有能力对这些环境进行建设和管理,如多媒体设备的操作熟练掌握,网络课堂的管理等。

数字化教学设计与实施:相较于传统教学设计,把学生的主体性和互动性作为重点的数字化教学,需要教师具备一定的数字技能,如利用数字化工具进行教学设计、制作教学课件等,使课堂能更好地满足学生的学习需求。因此,为了推进数字化教学设计的实施,教师需要不断地学习掌握新的数字技能。

数字化教学评价与反馈:利用网络测试资料等数字化分析手段,进行教学评估与反馈,使之更客观、更全面地反映学生的学习成果和存在的问题,以利于教师对学生的学习进行有针对性的辅导和指导。

在信息化时代,数字技能已经成为教师必备的专业素养。

二、数字技能如何促进教师的职业成长

数字技能对教学效果有很大的提升作用。掌握数字技能的教师可利用多媒体网络工具将知识以生动形象的方式展现给学生,提高学生的学习兴趣和学习主动性。另外,数字技能也能帮助教师提高课堂管理效率,如采用电子点名、在线作业提交等工具进行教学管理,提高课堂教学的实效性。

数字技能使教师对每个学生的学习特点和需求有了更好的认识,为教师提供了更多针对个体差异的授课策略,教师通过分析学生的学习数据,了解其学习进度与难点,从而针对个人差异制订个性化的授课计划,利用数字工具进行网上辅导,及时有效地给学生提供学习上的支持与帮助。因此,数字技能在教学中起到了不可忽视的作用。

教师在数字化环境下能接触到世界各地的教育资源和先进理念,进而不断更新自己的教育观念和教学方法。这既有利于提高教师的教学水平,又能使之更好地适应教育改革的需要,从而为培养具有创新精神和实践能力的学生打下坚实基础。因此数字化环境对于教师的教育发展具有十分积极的作用。

数字技能是教育教学过程中必不可少的一部分。教师能够通过参加在线培训和与同行交流的方式不断提高自身的数字技能,使自己的知识储备和教学经验得到进一步的丰富。另外,数字技能也能帮助教师将自身的教学成果进行有效的展示和传播,使自己在教育教学领域获得更高的认同与知名度,从而得到更大的发展与提高。因此,在教育教学过程中提高教师的数字技能是很有现实意义的。

教育领域对教师的数字技能的要求随着教育信息化建设的不断推进而水涨船高。教师运用数字技术开展教育教学工作能够提高教学效果,使自己在职业上获得更多的发展机会。他们通过参加在线培训、会话讨论班等形式不断更新自己的知识与技能,提升自身业务水平。因此,教师作为信息化教育教学工作的主体与核心,随着信息化

工作的不断推进而不断增强自身的数字技术运用能力。

使用传统的备课方式是费时又费神的,但随着数码科技的进步,运用数码技术使备课过程变得更为轻松有效。教师能运用电子课件、网络资源以及数字化教材将教学内容制作得有声有色,从而具有启发性,提高学生学习的兴趣和参与度。数字技术对于教学管理和个性化教学也具有极大的帮助作用。教师不仅能够通过数字化的教学平台进行学生的学习进度和表现等的跟踪,分析学生出现的问题并及时进行有针对性的辅导与引导,而且能够以更科学客观的方式对学生进行考核与反馈,促进教学效果的提高。

数字技术的不断进步,促使越来越多的学校和机构开始重视数字化教学的运用和开发,这是随着数字化教育的不断推进而形成的一种必然趋势。拥有数字技能的教师将受到学校和教育机构的重视与青睐,从而在职业发展上得到更多的机遇。而且随着数字化技术的运用与开发,教师的专业领域也能够不断地得到拓展并提高专业素养与竞争能力。

数字技能在促进教师职业成长方面占有举足轻重的地位。教育领域随着信息化的不断发展而发生着深刻的变革,作为现代教师必不可少的一部分,数字技能正在发挥着重要的作用。以下是数字技能促使教师职业成长的一些关键要素。

提高教学效益:使教学更有成效;帮助教师更有效地进行教学内容的组织和呈现;帮助教师更快地收集和分析学生的学习数据;帮助教师更准确地了解学生的学习情况,从而调整教学策略,使学生得到更好的学习。

拓展教学方式:数字技能使教师能运用更多元化的教学方式,如在线学习平台、虚拟实验室等数字工具,以为学生提供个性化学习体验为目的,满足学生的不同学习需求,培养学生的自主学习能力和合作学习能力。

促进教师专业发展:数字化技能的学习与运用过程,本身就是教师职业生涯的成长过程。教师要适应教育领域的变革,需要不断学习和掌握新的数字化工具和技术。教师的技术素养、创新思维、解决问题的能力,都会在这个过程中得到提高。

增强沟通与协作:数字化的技巧可以帮助老师和同事、学生、家长建立更有效的交流和配合。教师可通过电子邮件、网上会议等方式,对学生的学习进展情况保持关注。数字化工具还能促进教师共同备课,共同研讨教学等。

提升教师自我管理能力:数字技能帮助教师管理好时间,从而更有效率地开展教学工作。运用日程管理软件跟踪工作进度、保证教学工作的开展,数字化工具使教师整理教学资源、制作教工档案等,提高了办事效率与自管能力。总结起来,数字技能在教师自管能力上扮演举足轻重的角色。

数字技能对教师职业成长具有十分深远的影响,既能提高教学效率,又能拓展授课方式，还能促进教师自身专业发展，增强交流与协作能力，提高教师的自我管理能力。随着数字化教育的不断发展，作为教师职业成长中不可缺少的一部分，数字技能正日益被重视。为了应对教育领域的变革，适应学生的成长与发展需要，教师积极学习和掌握数字技能，以更好地适应教育环境的变化，为促进学生的学习与成长贡献自己的一份力量。

在今后教育领域的发展进程中，数字技能所起的作用会日益凸显，所以教师要不断更新自己的知识与技能来适应这一发展的需要。学校与教育机构对教师进行数字技能培训与扶持，为教师创造更多的职业发展机会与资源，对教师进行数字技能的培养与训练，以培养出更多具有专业素养与创新精神的教师，为教育事业的繁荣与发展作出更大的贡献，这是十分有必要的。因此，我们要让教育更加信息化，让教师在教学中能够更好地运用这些数字技能。

三、数字化教学环境中的教师角色变化

科技日新月异，教育信息化建设日益推进，数字化教学环境已经成为现代教育不可或缺的重要内容，而教师的角色也在不断发生着变化，从单纯的知识传递者向学生学习的引导者和创新者不断演变。

教师的角色在数字化教学环境中具体发生了怎样的变化？教师由传统的知识传授者向学生引导者方向转变。在数字化时代，学生可以通过各种在线资源轻松获取知识，教师的任务不再是简单的知识灌输，而是引导学生对这些资源进行有效的利用。教导学生如何对知识进行筛选、整合和创新，这些都是教师的任务。培养学生的自主学习能力和创新精神，需要教师帮助学生建立正确的学习方法和思维模式。

在数字化教学环境下，教师角色的转变不仅表现在教学模式的转变上，更重要的是关注并满足学生的个性化需求。传统的课堂教学往往注重知识的灌输和应试技巧的传授，数字化教学则更注重学生的创新能力和自主学习能力的培养。

教师开始用数字工具和技术给学生创造更加生动直观的学习体验，运用在线平台、VR、AR等技术手段，构建出丰富多样的授课场景，让学生在模拟真实环境中进行实践操作和问题解决，既激发了学生的学习兴趣，又提高了学习效果。这种教学方式对学生的学习有极大的促进作用，是当前教育中比较提倡的。

现在的教师也开始用数据分析工具对学生的学习进度、兴趣爱好、能力水平等进行综合的考核，从而对教学计划和辅导策略进行更精确的调整，做到因材施教，使学生的个性化需求得到更好的满足，帮助他们挖掘潜能，在各方面得到全面的发展。

数字化教学工作也促使教师不断地学习和更新自己的知识与技能，在日新月异的技术发展和不断更新的教育思想下，教师为跟上时代潮流必须不断地研究新的教学方

法和学习工具，以应对教育领域的种种变化和挑战，而这就要求教师有持续开放的心态和终身学习的意识，不断拓宽知识视野和更新教育理念，因此教师是数字化教学环境发展的关键和核心。

教师在数字化教学工作中的角色变化，不仅反映在教学方式上，更表现在授课内容上。这对教师自身的职业素养提出了更高的要求，也对教师的教育理念和教育情怀提出了更高的要求。随着教育信息化建设的不断深化和数字化教学环境的日益完善，相信教师在新的教育生态系统中发挥的作用会越来越大，在为学生的成长和发展提供更为优质的教育服务的同时，促进自身的职业素养不断提高。

数字化教学环境的建设不是一朝一夕就能完成的，它需要各方面的共同努力与协作。政府要为教育信息化建设提供必要的政策保障与资金支持；学校要积极引进和推广数字化教学技术与工具，对教师进行必要的培训与指导；教师要主动学习与掌握数字化教学技能，并将其运用到实际教学中去；学生要积极参与到数字化教学活动中去，发挥自己的能动性和创造性。同时也要注意数字化教学带来的一些新问题，如信息过载与信息安全等。

教师现在更多的是作为学习活动的组织者和协调者，利用数字化教学环境进行协作学习，给学生分享知识和经验。教师需要精心设计学习活动，组织学生进行有效的交流与合作，对各方面的资源和关系进行协调，保证学习活动的顺利进行，并针对个体差异和学习需求给予学生个性化的学习支持与指导，帮助他们在学业上取得更好的成绩。

数字化教学环境对教师有极大的助益，使教师能运用丰富的教学工具和手段来进行富有创造性的教学实践，并探索出更多、更有效的教学方法与策略，以进一步提高自己的专业素养与教学能力。因此，教师必须重视教育教学领域的最新发展动态和研究成果，并持续不断地进行学习与研究，使自己不断成长。教师为了进一步适应数字化教学环境的变化，一方面要不断提高自身素养与教育教学能力，提升运用各种数字化教学工具与平台的水平；另一方面，教师要掌握先进的教育理念和教学方式，以应对各种不同教学场景下学生需求的变化，并在教学中做到灵活应变。综合起来，就是要在素养与教育教学能力上双管齐下，把数字化教学环境的变化作为教育教学工作的一个内容加以研究并实践。

总之，教师的角色在数字化的教学环境中发生着深刻的变革。他们不再仅仅是知识的传递者，而是成为引导者，成为组织者，成为协调者，成为学生学习的创新者，成为学生学习的研究者。这些角色的转换，不仅要求教师有较高的专业素养和教学能力，也为教师提供了更为广阔的发展空间。教师只有不断地适应，不断地创新，才能更好地发挥作用，为学生的成长和发展贡献自己的力量，在数字化的教学环境中发挥自己应有的作用。

第二节
"双师型"教师需要掌握的数字化技能

一、基本的数字技能与高级应用

信息技术日新月异，掌握基本的数字技能对"双师型"教师来说是远远不够的，满足现代教学需要的高级应用能力也是很有必要的。

在日常的教学实践中，数字化基本功为使用Office软件制作课件、利用网络资源查找教学资料等。随着教育信息化的深入发展，这些基本技能已不能适应现代教学的需要。"双师型"教师必须追求的新目标，就是高级应用能力。

基本的数字技能有计算机操作、使用Office软件、网络搜索等。教师日常教学、管理，这些技能必不可少。制作课件、管理学生资料、处理教学资料等，都需要使用办公软件。网络搜索技巧还可以帮助老师快速获取教学资源，提升授课效率。

但对"双师型"教师来说，还需要具备资料分析、编程技能、多媒体制作等高级应用能力，仅仅掌握基本的数字技能是不够的。这些技巧可以帮助老师对学生的学习情况有更好的理解和分析，从而设计更科学的教案。例如，教师可以通过数据分析软件分析学生的学习成绩、兴趣爱好等，从而发现学生的优点和不足，制订个性化的教学计划。

除了基本的数字技能，"双师型"教师还需要掌握一些高级应用技能。例如，收集并分析学生的资料和信息能帮助教师对学生的学习情况有比较准确的把握，从而对教学策略进行相应的调整，使教学效果得到提高。又如，制作电子课件、教学视频等，可以使教学内容更丰富，教学手段更多样，进而激发学生的学习兴趣。随着多媒体技术的不断发展，数字媒体在教学中的应用将越来越重要。

数字化时代，信息安全与资料保密工作必不可少，而教师要有相应的网络安全知识与技能来防范网络攻击和资料外泄，保证教学资料的安全性与可靠度。

在将来的教育教学工作中，数字技术的应用将是教师必须具备的基本功之一。"双师型"教师在自身业务水平上要不断提高对数字技术的掌握和运用程度，在为数字化教育的发展添砖加瓦的同时，也为促进学生的全面发展贡献自己的一份力量。

二、针对特定科目的技术工具与软件

特定科目需要的教学方法不同，适用的技术工具与软件也不同。幸运的是，随着科学技术的飞速发展，可供"双师型"教师选择的技术工具与软件也越来越多。

数学作为基础学科，对学生的逻辑思维和解题能力有很高要求。专门的数学软件，

如 GeoGebra 与 Desmos 等，通过图形化界面与交互式工具的丰富运用，为学生学习数学概念提供有效途径，帮助学生在实践中提高数学运用能力。例如，GeoGebra 软件提供二维、三维图形的绘制与函数绘图、几何变换等功能，使抽象的数学概念在直观形象上得到具体展现。

语言学习上也有相应的技术工具和软件。Duolingo 和 RosettaStone 等游戏化语言学习软件使学生在轻松愉快的气氛中掌握外语词汇及语法。同时，这些软件的即时翻译及语音识别功能也帮助学生锻炼听说能力。另外，一些在线词典和语法解析工具也给学生的语言学习带来了便利与帮助，如 Merriam-Webster 和 Grammarly 等。

Simulink、Labview 等工程模拟软件，让学生通过实验操作，如电路设计、系统建模等，培养动手能力和创新精神。而一些虚拟实验室软件，如 Phet 和 Comsol 等，则为学生实验探究提供了一个不受时间、地点限制的安全虚拟环境。AutoCAD 和 SolidWorks 这样的工程设计软件，在工程领域、建筑领域、机械领域的教学中得到了广泛的应用。学生运用这些软件进行项目设计、模型构建与模拟分析等操作，从而为今后职业生涯的顺利发展做了很好的准备。在职业教育与技能培训领域，技术工具和技术软件是提高学员技能水平、动手能力和为今后工作做良好准备所必不可少的。

技术工具和软件，特别是专门设计的辅助软件，在特殊教育领域具有举足轻重的作用。对有某种特殊学习需求的学生，比如视力障碍者、听力障碍者或学习障碍者而言，辅助性软件能够帮助他们提高对知识的认识和学习效果。举例而言，屏幕阅读软件可以帮助视力障碍者对屏幕上的文字进行阅读；语音识别软件则可以帮助听力障碍者进行会话和沟通。总之，在特殊教育领域运用这些技术工具和软件，对于促进这些特殊学生的发展，具有不可估量的作用。

VR 和 AR 技术在教育领域的应用越来越广泛，无论是给学生创造身临其境的学习环境，还是帮助学生理解与掌握知识都能起到很大的促进作用。在生物学科中，学生可利用 VR 技术进入虚拟的人体内部观察细胞的结构和功能；在历史学科中，学生可利用 AR 技术参观虚拟的历史遗址和博物馆，感受历史的厚重和文化的瑰丽……

大数据和人工智能技术的不断发展，使教育者能够通过分析和挖掘学生的学习数据，更精确地了解学生的学习需求和问题所在，进而为他们提供更为个性化的教学方案和相关资源推荐，帮助提高学习成果。同时，借助人工智能技术进行智能评价、智能答疑以及智能推荐等操作，教学效果和学习效率可以得到进一步的提升。

技术工具和软件在各个领域的授课中占有举足轻重的位置，既能提高学生的学习兴趣与效率，又可以帮助他们加深对所学知识的理解和融会贯通。随着技术的不断进步和应用范围的日益扩大，今后的教育必将更多元、丰富、有朝气。

三、持续学习与技能更新的重要性

"双师型"教师是指既能从事理论教学工作，又能指导学生进行实践操作的教师。在数字化教育环境中，"双师型"教师被寄予了更多的希望。因此，持续学习与更新自己的技能对于"双师型"教师提高教学效果和质量，整合理论成果和创新实践方法都具有非常重要的意义。

不能指望数字化技能的熟练是一劳永逸的。技术日新月异地更新和升级，这就要求"双师型"教师不断更新和增强数字化技能，具备持续学习的意识和能力。唯有不断地学习和更新自己的技能，才有可能跟上技术发展的步伐，适应教育领域的新需求。

持续学习与技能更新有以下重要性：

一是教师更新自身的知识层次和业务水平能对教育领域出现的新挑战和新问题有更强的应对能力，以增强教育的适应性和创新性，并促使教师之间的相互沟通与协作，以使教育事业持续发展。因此，教师是知识更新的关键。

二是对教师与学生个人发展以及整个教育事业都有不可忽视的贡献，因为持续学习与技能更新可以使教师始终保持先进的教学理念与方法，从而使学生得到更有质量的教育服务。在高速发展的时代，持续学习是每个人不可缺少的能力，尤其是对教师来说。作为培养学生成长的重要人物，教师的教学理念和方式直接关系到学生的学习效果及今后的发展。持续学习对教师而言，既是保持与时俱进的必要手段，又是提供优质教育服务的关键所在。因此，它既是教师自身发展的需要，也是学生成长与提高的需要。

社会的进步与教育改革的不断进行，促使教学观念不断地更新与进化。教师唯有不断地学习与反思才能做到紧跟时代潮流、了解最新的教学理念，并因此对自己的授课方式做出相应调整，使之与当下学生的需求相适应。以学生为本的授课思路也日渐受到重视。因此，教师必须不断地学习与摸索，把以学生为本的授课思路融会贯通到日常教学当中去，真正把以学生为本的思想落实到教育中去，把个性化和差异化的教育服务提供给学生。从这一点来说，对于教师的要求是越来越高的。

三是激发教师对教育事业的热情与动力，帮助教师更新教学理念，掌握最新的教学方法和技术。通过持续学习，教师与时代同步，从而为学生提供更优质的教育服务，为学生的成长和发展打下坚实基础。因此，鼓励与支持教师持续学习是十分有必要的。要促进教育事业的繁荣发展，就要为教师创造更多的学习机会，提供更多的学习资源。

持续学习还能使教师保持对教育事业的热情和动力。通过持续学习，教师能够不断地开阔自己的知识视野，提高自己的业务水平，以更好地应对教学中的各种挑战和困难，为学生提供更加优质的教育服务，为教育事业的发展尽一份绵薄之力。因此，教师必须不断学习，不断成长。

第三节
教师专业化在数字时代的新要求

一、适应数字化教学的能力

数字化教学的兴起,使传统的教学方式面临着前所未有的挑战。以前,教师传授知识主要靠纸质教材、黑板、粉笔,而现在,数字化技术融入了教学的各个环节。新兴的教学工具在提高教学效率的同时,也使学生的学习体验更加多样化和个性化。

适应数字化教学并非易事,教师必须具备相应的信息技术修养,对各类数字化教学资源有熟练的运用能力,并能根据学生的需求和兴趣,对教学内容和活动进行重点设计。

数字化教学对教师的沟通能力与协作能力也提出了更高的要求。数字平台上的教师与学生之间的交流不局限于课堂。教师为了及时回答学生的问题和提供有效的学习支援,必须具备很好的网上交流与协作能力。另外,教师还必须与各方面人员密切配合,共同促进学生的全面发展。因此,教师必须不断提高自身综合素质。

所谓数字化授课,不只是把传统的授课内容放到数字平台上。它要求教师具备一种紧跟时代潮流的授课思路,充分发挥数字化技术的优势。

数字化教学为教学模式和方法上的创新提供了更大空间。但这也要求教师保持对新技术和新理念的敏感度和热情,不断地更新自己的知识与技能。适应数字化教学的能力首先体现在教师对数字技术的掌握和运用上。

此外,数字化教学促使教师改变知识灌输者的身份,以学生为本,重点培养学生的自主学习和协作学习能力,激发学生的学习兴趣和学习动力,培养学生的创新能力和批判性思维能力。

如今,数字化教学资源极其丰富,有网络课程、教学视频、在线题库等多种资源类型。教师要有能力对这些资源进行筛选、整合,并创新性地运用,从而提供给学生优质的学习资料和学习路径。另外,教师还要对数字化教学资源的版权问题有充分的保护意识,避免侵权。

最后,教师要引导学生对网络世界和开放性的数字化学习有正确的认识。针对学生的不同情况,帮助学生制订学习计划,激发学生的学习兴趣和动力。

二、在线教学与混合学习的策略

随着数字技术的快速发展和普及,在线教学、混合学习等新的教学模式正在补充甚至部分替代传统的课堂教学模式。这样的变化不仅改变了学生的学习方式，也在挑战教师的专业性。下面，我们将探讨在线教学与混合学习以及教师专业化需要的新策略。

在线教学与混合学习首先要求教师深入理解和重构课程内容。传统课堂的教学材料往往以纸质教材为主，而在线教学与混合学习则需要将这些内容转化为数字形式，并充分利用音频、视频、动画等多媒体资源，使教学内容更加丰富。因此，如何激发学生的学习兴趣，提高课堂参与程度和教学效果，以及如何设计互动环节，都是教师需要考虑的问题。

在教学实践活动中，为达到资源优势互补的目的，教师需要合理运用在线授课与传统课堂的教学资源。在线教学不受时间、空间限制，能给学生自主学习的机会；传统课堂能给学生提供更加亲密的师生互动和丰富的实践操作机会。教师要针对不同学生的特点与需求，科学安排在线教学与传统课堂的教学内容与活动，使两者相互融合。这样既能发挥在线授课的优势，又能充分利用传统课堂的特长，真正达到优势互补。

1. 在线教学的兴起与策略

在线教学的兴起突破了传统课堂上的时间、地点限制，使学生在任何时间、任何地点都能进行学习。但是新的教学模式也带来了很多挑战，如如何保持学生的参与度、如何设计有效的在线教学活动、如何考核学生的学习效果等。这些都有待教师加以思考并有针对性地解决。因此，教师必须具有在线教学的充分经验和技能。

为克服这些困难，教师必须明确教学目标和学习成果，根据学生的学习特点和兴趣爱好进行富有吸引力的教学活动。然后教师必须灵活运用各种在线教学工具和平台，包括在线课程、教学管理系统、在线讨论社区等来激发学生的学习兴趣和学习热情。最后，一定要建立一套行之有效的学习考核体系。教师要对学生的学习情况做到心中有数，及时给予反馈与指导。在数字化学习环境中进行有效的教学与考核是教师必须重视的课题。

2. 混合学习的兴起与策略

混合学习是数字时代的另一种新型教学模式，它把在线教学与传统课堂教学相结合，最大限度地利用二者的优点，提高学生的学习效果和满意程度。混合学习要求教师在线下教学与线上教学之间进行有效的衔接与转换，保证学生学习的连贯性和一致性，提高学生的学习兴趣和学习效果。

实施有效的混合学习，教师首先要分析学生的学习需求和特点，并确定适合混合学习的内容和途径。其次，教师要根据学生的学习特点和需求，设计出合适的教学活动，使学生在线上和线下都能得到有效的学习。比如，教师可以利用在线平台进行知识传授，在线下课堂组织深入的讨论和实践操作。另外，教师还要对学生的学习进行有效的评估，对学生的学习进度和效果进行综合考核，做到心中有数，并据此对教学策略做出相应调整。

3. 数字时代对教师专业化提出新要求

技术熟练度：教师必须具备各种在线教学平台的熟练操作技能，认识各种教学工具的使用方法；能够进行有效的在线课堂授课，了解学生的学习情况与互动方式；掌握云端协作工具的使用。

课程设计与创新：在线教学与混合学习的推行，要求教师为适应多样化的授课环境和学生的学习需求而进行课程的重新设计与创新。教师将学会如何把课程内容分解成适合网上学习的模块，设计具有互动性和参与性的学习活动，以提高学生学习的有效性和质量。

个性化教学：在线教学与混合学习提供了更多机会，让老师能够对每个学生进行个性化关注和授课，提供相应的反馈与支持。

学生参与和互动：学生的参与和互动对于获得教学成果具有极其重要的意义。教师要学会激发学生的学习兴趣和热情，利用在线教育资源促进学生之间的沟通与合作。

评估与反馈：在线教学与混合学习要求教师采用全新的考核方式与反馈途径。为了有效地评估学生的学习成果，需要学会有针对性地提供及时、有效的反馈。

持续专业发展：教师必须不断地更新自身的知识与技能，以顺应教育领域在数字化时代的发展变化。这就要求教师参加网上授课班、讨论会等教育技术类会议，进行经验交流与资源分享等。

时间管理与自律：在线教学与混合学习对教师提出了很高的时间管理与自律能力的要求。教师要学会在繁忙的教学工作中获得充分的时间去进行在线教学的准备工作，辅导学生，自我学习和提高。只有很好地掌握时间管理与自律的技巧，教师才能真正有效地进行在线教学与混合学习。

跨学科整合：数字时代的教育对跨学科整合的要求日益提高。教师必须把不同学科的知识与技能有机地融合到在线教学和混合学习中去，以增强学生的综合能力和创新能力。

在数字化时代，教师专业化的新要求主要集中在技术熟练程度、课程设计与创新、个性化教学、学生参与和互动、评估与反馈、持续专业发展、时间管理与自律、跨学科整合等方面。教师要适应这些新的要求，不断地学习和实践。

三、数据驱动教学与学习分析的应用

数据驱动教学是指通过数据分析技术，实现个性化教学和学习优化，利用学生的学习行为数据、成绩数据等为教学决策提供科学依据。学习分析是指运用学习科学、教育心理学等理论，结合数据挖掘和机器学习技术，全面深入地分析学生的学习过程，从而发现学习问题，预测学习动态，为教学和学习提供强有力的支撑。

从近几年开始，越来越多的学校和教育机构开始用数据驱动的教学策略来指导教学，通过对学生学习资料的搜集整理与分析，为教学向更精确、更个性化的方向发展提供了有力的支持。

在数据驱动的教学方面，教师可以利用学习管理系统和网上作业平台等工具，对学生的学习行为数据进行实时的收集，如学习时间、学习路线、互动频率等。通过分析这些数据，教师对学生的学习习惯、兴趣爱好、学习难点等有深入的了解，从而可以对教学策略进行有针对性的调整，并针对不同学生制订个性化的教学方案。例如，对学习进度较慢的学生进行强化辅导，多给学生提供练习的机会；对学习兴趣浓厚的学生，教师可引导其进行深入的学习探究，多接触更高层次的学习任务。这样，学生的学习兴趣和学习效果都能得到很好的提高。

以数据为基础的教学工作可以使教师对学生的学习情况有更准确的认识和把握，为实施个性化的授课提供有力支撑。教师可以从在线学习平台上的学习行为数据出发，对学生的学习进度和学习情况有深入的了解和认识，从而有针对性地调整授课方式和教学策略，给学生提供更具针对性的教学资源与辅导，提高学生的学习兴趣和学习热情的同时，也有效地提高教学质量和学习效果，可谓一举多得。通过数据驱动的教学方式，既可以把学生的学习需求和实际情况有机结合起来，又可以在教学上做到有章可循。

学习分析可以对学生的学习过程进行深入剖析，为教师和学生提供全方位的学习支持与指导。通过对学习数据的挖掘与分析，教师可以发现学生学习的问题并对学习趋势进行预测，从而为学生提供个性化的学习建议与资源推荐。学习分析既有助于促进教师对学生的了解，把握学生的学习状况与需求，又有助于帮助学生制订更有效的学习路径与方案，从而达到提高学习效率的目的。

数据驱动教学与学习分析的应用有以下作用：

个性化教育：教师通过分析学生的学习数据来了解每个学生的学情并提供相应的个性化教学和辅导，帮助学生提高学习效果。

教学决策优化：资料分析能协助教师在制订教学方案时更科学地作出决策。教师能针对学生的学习进度和能力适时调整授课方式与内容。

学习过程监测：应用学习分析技术可以使教师对学生的学习过程进行监测，从而发现潜在问题，并及时采取改进措施，有效地提高学生的学习成效。

技术支持：快速发展的人工智能与大数据技术为数据驱动的教学提供有力支撑。多源异构数据的收集与分析为教学创新提供科学支持，这是近年来教育领域的一大亮点。

教育资源丰富：资料驱动的授课方式可以借助多媒体手段，如图表、音频、视频动画等形式，丰富授课内容，提升学生的学习兴趣和互动参与度。

智能管理与评价：教学管理系统借助大数据技术实现智能化的学生管理评价，如智能作业批改和学习成果的自动考核等，减轻教师的工作负担，使学生得到更有效的学习与训练，从而提高学习效率。

教育改革推动：大数据驱动下的精准施教工程不仅使教学质量得到提高，而且可以为其他地区提供可资借鉴的教育改革思路。

研究与发展：教育大数据的开发与应用还包括数据的采集、预处理、分析和计算等全流程，这些都是教育技术领域研究和发展的重点，有助于实现教育数字化的转型。

数据驱动教学和学习分析的应用正在改变传统的教育模式，使教育更加个性化、高效化和科学化。随着技术的不断进步，这些应用将继续深化，为教育带来更多的可能性。

第四节
教育技术在职业教育中的应用

一、VR 和 AR 在职业教育中的运用

1. VR 技术在职业教育中的应用

VR 技术模拟真实环境，为用户带来身临其境的体验，使学习者可以对所学知识有切身的感受，从而指导实际操作。职业教育中运用 VR 技术主要表现在以下几个方面。

模拟实训操作：VR 技术可以为部分危险性高、成本较大的实训项目提供安全、低成本的虚拟实训环境，应用于机械制造、汽车维修等专业。学生可通过模拟操作，加深对工艺流程和设备操作的熟悉程度，提高实际动手操作能力。

场景模拟教学：VR 技术可以构建虚拟场景，将学生带到特定场景中进行学习和练习。如旅游管理专业中，学生在 VR 设备中模拟导游带团的过程，从而对旅游景区的特点以及导游工作流程有深入的了解和认识。

远程教学：VR 技术还可以实现远程教学，让学生在家里就能收获优质的教育资源。通过 VR 设备，学生可以身临其境地参与到课堂学习中，与老师和其他学生进行实时互动，提高学习效果。

2. AR 技术在职业教育中的应用

AR 技术把虚拟的信息叠加到现实世界中去，以提供更直观、更丰富的学习体验，在职业教育中占有举足轻重的地位。AR 技术主要应用在以下三个方面来提升职业教育的教学效果。

实物教学辅助：AR 技术可将虚拟信息叠加到实物上，让学生在观察实物的同时，

了解其内部结构和原理，从而加深对专业知识的认识。在机械类专业中，学生通过使用 AR 技术观察机械设备的内部结构和工作原理，对专业知识的理解更加深入。

交互式学习：AR 技术可以使学生从虚拟的信息互动中掌握知识。对电子工程专业的学生而言，AR 技术可用于模拟电路板的制作过程，使其对电路板的构成和制作流程有深入的了解，并提高实践操作能力。

工作流程模拟：AR 技术还可以模拟工作流程，让学生在模拟中了解工作过程和职责。在护理专业中，学生可以通过 AR 技术模拟病人的护理过程，了解护理工作的流程和注意事项，为将来的实际工作做好准备。

3. VR 和 AR 技术在职业教育中的融合发展

VR 和 AR 技术各有优点，结合在一起能较好地满足职业教育的需要。运用 VR 技术创建虚拟环境，再利用 AR 技术将虚拟信息叠加到现实世界中，学生便可以在虚拟与现实间自由切换，从而得到更全面、更深入的学习体验。建筑设计专业的学生先运用 VR 技术模拟建筑设计过程，再利用 AR 技术将设计成果"投放"到现实世界，从而对设计过程进行实地考察和考核，提高设计水平和实际动手的能力。

VR 和 AR 技术在职业教育中得到应用，使学习者有了更生动、更直观、更有效率的学习体会。随着技术的不断发展与完善，相信在职业教育中这些技术将扮演更加重要的角色，为培养高素质的技术人才作出更大的贡献，对教育事业的发展起到促进作用。

二、模拟软件与在线平台的融合

模拟软件与在线平台的融合，为更多的学生提供了一种更生动直观的学习体验。下面就探讨模拟软件与在线平台融合的背景、意义以及可能面临的挑战等问题，并对其未来趋势进行展望（图 4-1）。

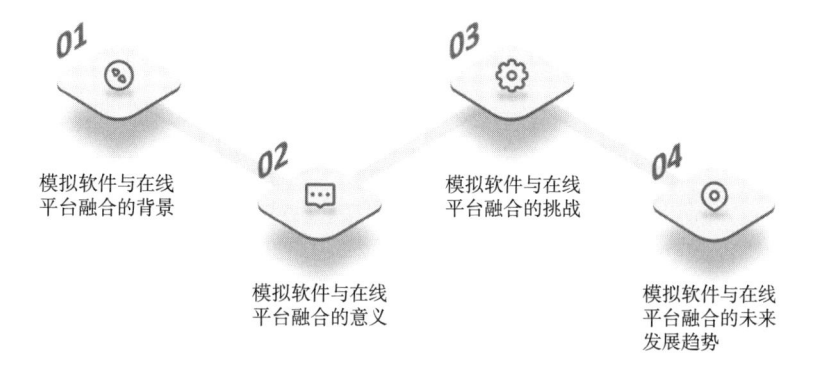

图 4-1 模拟软件与在线平台的融合

1. 模拟软件与在线平台融合的背景

模拟软件是一款让学生在虚拟环境中实际操作，提高学习效果的计算机模拟现实世界的工具。而网上平台则为学生随时随地学习提供了方便快捷的学习方法。模拟软件与在线平台的融合，已经成为教育信息化推进的必然趋势。

2. 模拟软件与在线平台融合的意义

提高学习效果：虚拟模拟软件使学生在虚拟环境中进行实践操作，加深对知识的认识并提高运用能力；在线学习平台为学生提供丰富多样的学习资源，根据学生自身兴趣和需求，有针对性地开展学习活动，使学生在学习过程中能够更加主动积极，从而得到较好的学习效果。将两者融会贯通，学生在更加全面深入地掌握知识的同时，能够更好地适应不同学科领域的学习。

拓展学习空间：模拟软件与在线平台的融合突破了传统意义上的课堂，学生可以在任何时间、任何地点展开学习。这在丰富学习形式的同时，也为学生提供了更为广阔的学习空间。

个性化学习：融合后的模拟软件与在线教育平台能够帮助教师对学生进行个性化的学习方案的定制。针对学生的不同情况与兴趣爱好，教师设计并提供相应的教学和学习资源，使学生在学习过程中的自由度与灵活性都得到了很大的提高。

3. 模拟软件与在线平台融合的挑战

技术难度：模拟软件与在线平台的融合，需要云计算、大数据等高度先进的技术的支撑。这些技术的使用在提高开发成本的同时，也需要更高水平的开发人员进行技术攻关。

教育资源整合：整合后的模拟软件和网上平台，需要将课程、教材、实验器材等各类教育资源进行整合。整合这些资源，既要克服不同资源间的兼容问题，又需要耗费大量的人力、物力和财力。

4. 模拟软件与在线平台融合的未来发展趋势

智能化发展：得益于AI技术的日新月异，模拟软件与在线平台的融合度将进一步提高。平台对学生学习数据的分析能力将进一步提升，从而为学生提供更为精准的学习建议与资源推荐。通过智能算法的辅助，学习的过程将会变得更加智能而高效。

跨界融合：除教育领域外，模拟软件与在线平台的跨界融合还能在其他领域得到运用，如工业设计制造、医学培训等，有利于促进行业间的交流与合作，带动科技创新和产业升级。总之，模拟软件与在线平台融合对教育带来的变化是巨大的，不仅使学习效果得到提高，还拓展了学习空间，并使个性化学习成为可能。从今后看，模拟软件与在线平台的融合将随着科学技术的不断进步而呈现智能化发展和跨界融合的新趋势。从这一点出发，我们认为模拟软件与在线平台的融合，将随着科技的不断进步而带来更多的可能性。

技术支持的学生评估与反馈系统：技术支持的学生评估与反馈系统，不仅改变了传统的学生考核办法，而且为提高教学质量打下了坚实的基础，为学生和教师提供了更加方便快捷的反馈机制。

技术支持的学生评价与反馈系统主要以大数据、云计算等先进技术为基础，实现了对学生学习过程的全面追踪与考核。通过对学生学习资料的收集，系统地对学生的学习进度、学习难点、学习兴趣等进行分析，做到有的放矢，为教师授课出谋划策。同时，学生还可以通过这套系统，在实现个性化学习的同时，及时了解自己的学习状况，调整自己的学习策略。

某高中引入技术支持的学生评价与反馈制度后，学生的学习成绩和综合素质都有了显著的提高，具体表现为：对学生的学习数据进行深入分析后帮助教师发现学生在数学、英语等科目上的薄弱之处，从而使教师及时地对教学策略进行相应调整，对学生的辅导力度加大。同时，学生也可以从系统中了解自己的学习情况，有的放矢地强化薄弱环节的练习。经过一个学期的努力，学生的整体成绩和综合素质都有了明显的提高。因此，学生评价反馈制度对学生学习成绩的提高起到了重要的促进作用。

技术支持的学生评价与反馈系统有以下几个优点：

第一，这套系统能对学生的学习数据进行实时的收集与反馈，并给教师及时准确的教学反馈，从而使教师能及时调整教学策略，使学生的学习需求得到更好的满足。从这一点看，这套系统的高效性和实用性都是不容置疑的。

第二，这套系统能使学生产生学习动力，激发兴趣，使学生对自身的学习状况有较为清晰的认识，树立明确的学习目标，从而使学习效率得到有效的提高。

第三，这套系统还能为学校管理层提供全方位的教学质量考核报告，提供有力的支撑与帮助。学校了解教师的教学水平和学生的学习状况，从而使教学质量得到有效的提高与促进。为学校教学质量的提高提供有力的数据支撑与借鉴。

技术支持的学生评价与反馈系统通过自动化、智能化的方式，帮助教师对学生的学习状况进行更高效、更准确的评价，并及时地反馈信息，在教育领域发挥着重要的作用。

下面对学生评价反馈系统进行一些技术支持方面的分析（图4-2）：

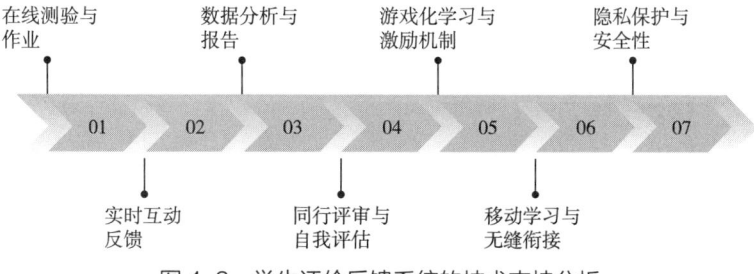

图4-2 学生评价反馈系统的技术支持分析

在线测验与作业：很多在线学习平台提供在线测试和提交作业的功能，让老师可以创建选择题、填空题、简答题等各种类型的题目。学生可按规定时间完成作答，系统自动核分。这种即时性的考核方式，可以帮助教师根据成绩迅速了解学生的掌握情况，并对教学策略进行相应的调整。

实时互动反馈：一些智能教育软件还具有实时互动反馈的功能，系统会根据不同学生的答题情况提供相应的学习建议和资源推荐，帮助学员对学习难点进行巩固和加深认识。

数据分析与报告：技术支撑的考核系统一般都有强大的数据分析功能，能生成详尽的学习报告与趋势图表，从多个角度对学生的学习状况及进步情况进行分析和说明，为教师教学提供比较全面的依据，从整体上提高学生的学习效果和成绩。

同行评审与自我评估：学生之间的同行评议和自我评价，除教师评价外，还可以通过技术支持的系统来实现。通过在线平台，同学们提交作品和接受同伴评审，都能很方便地进行，还能运用系统工具反思、总结自己的学习。

游戏化学习与激励机制：部分系统还采用游戏化设计和激励机制，提高学生的学习积极性和参与度。激发学生的竞争意识和成就感，通过设立成绩目标、给予徽章或积分等方式进行奖励。

移动学习与无缝衔接：随着移动设备的普遍使用，越来越多的评价与反馈系统现已支持移动端访问。学生可在任何时间、任何地点进行学习和自检，从而做到学习的无缝衔接，使学习过程变得更为便利。

隐私保护与安全性：在设计技术支持的评估与反馈系统时，需要特别注意学生数据的隐私保护和系统的安全性，确保所有敏感信息都经过加密处理，并采取适当的措施防止未经授权的访问。在技术支撑下的学生评价及反馈体系为现代教育带来了很多便利和创新。其不仅可以提高授课效率，而且可以促进学生自主学习和教师的个性化辅导。但同样需要引起重视的还有系统可能带来的种种困难与问题，诸如数据安全问题、学生依存度等。

第五节 创新教育工具与方法

一、教育游戏化与学习动机

所谓教育游戏化，就是把游戏中的元素与机制运用到教育教学过程中去，以促进学习效果，激发学生学习热情。本部分将就教育游戏化对学习动机产生的作用进行论述并剖析其产生的原因。在教育游戏化的运用上，学习动机作为影响学生学习的一个重要因素会对其产生怎样的作用呢？

在教育游戏化的过程中，多种游戏元素能激发学生学习的内在动机，如挑战性的题目设计能促使学生对所学知识进一步加深认识，提高运用能力；奖励机制能促使学生对学习过程给予肯定和自我激励；社交互动能促使学生对同伴之间的相互帮助、相互学习产生兴趣。因此，教育游戏化能够有效地激发学生学习上的内在动力。

将学习设计成有难易之分的不同等级的任务，能激发学生的兴趣和好奇心，促使其产生强烈的求知欲，从而更加努力地投入学习中去。"数学大冒险"教育游戏正是以此为设计理念的。它以解数学题为主要活动方式，通过促使学生对数学产生真正的兴趣和认识，从而达到寓教于乐的目的，使学生在轻松愉快的气氛中学到数学知识，提高了学习效果。

所谓奖励机制，就是给予学生虚拟或者实体的奖励，以表彰其在学习过程中所做的努力和取得的成就，这是通过正向的反馈来增强学生的自信心和学习劲头，使之有更强的动力和意愿投入学习中。以"知识竞技场"教育游戏为例，当学生答对所有问题的时候，会获得相应的金币奖励并提高排名。"知识竞技场"以激发学生的竞争欲望为设计理念，促使学生对学习有更高的热情和投入度。

教育游戏化有以下优势：

一是游戏中的社交互动使学生在与其他玩家合作或竞争的过程中，既能展示学习成果，又能从别人身上学到更多的知识和技能，从而提高学习兴趣和学习动机。

二是游戏中的社交互动还能使学生在合作与沟通能力上得到锻炼和培养。如"团队知识挑战"等教育性游戏，就使学生以团队的形式解决各种知识问题，在互相学习与互相帮助的过程中共同进步。因此，在教育游戏化的实施过程中，在提高学生学习效果与兴趣的基础上，保证学生的社交互动是重要的一环。

教育游戏化，除了纳入社交互动要素，还涉及教育学、心理学等方面的内容。例如，教育游戏化中的任务设计，为了保证学生有效地完成任务，获得成就感，应遵循"任务难度适中，任务目标明确，任务反馈及时"的原则。教育游戏化还应着重培养学生的高级认知能力，如自主学习能力、创新能力和思辨能力等，帮助他们在今后的学习和生活中更好地适应。

教育游戏化的目的是增强学习体验，提高学习动机。下面分析一下教育游戏化与学习动机（图4-3）：

1. 教育游戏化的优势

增强学习体验：运用游戏化的学习方式来创造"乐趣"，这可以使学习过程更具趣味性和吸引性，从而为学习者提供更加良好的学习体验。

提升参与度：好的游戏化战略能激发学生的学习热情和参与性，使学习过程变得更为主动和自发，从而提高学生的学习效果和成绩。

```
        1                           3
   教育游戏化的优势              未来展望

              2
         教育游戏化的局限性
```

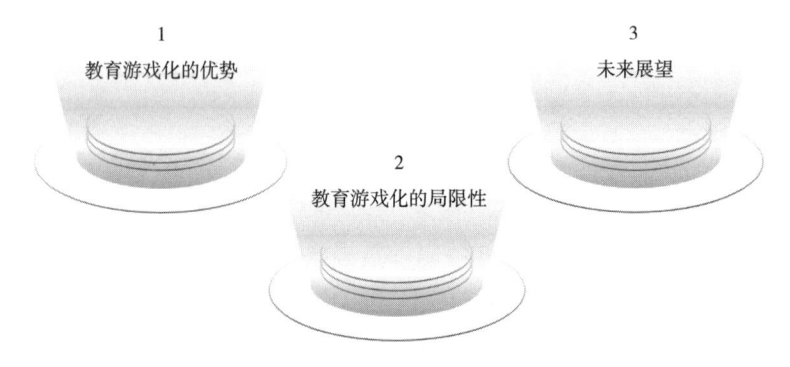

图 4-3　教育游戏化与学习动机

即时反馈：在学习中引入即时反馈机制可以使学生对学习成果有即时的感知和了解。

提高学业成绩：教育游戏化的研究结果指出，在培养学生学习动机的基础上，还能够提高他们在知识和技能等方面的实际学业表现。

2. 教育游戏化的局限性

质量参差不齐：市场上的教育游戏质量参差不齐，不是所有的游戏都能达到预期的教育效果。

过度依赖游戏化：如果过度依赖游戏化，可能会导致学生对传统学习方法的忽视，影响深度学习和批判性思维能力的培养。

成本问题：开发高质量的教育游戏需要较大的投入，这可能会增加教育成本。

3. 未来展望

个性化学习：随着技术的发展，教育游戏化有潜力实现更加个性化的学习体验，满足不同学生的学习需求。

融合多元教育理念：寓教于乐，可以结合探究式学习、合作式学习等其他教育理念和教育方法，达到较全面的教育效果。

研究深入：未来的研究可以更深入地探讨教育游戏化在不同学科、不同年龄段的学生中的应用效果，以及如何克服现有的问题和挑战。未来的研究可以将不同学科、不同年龄段作为创新方向。教育游戏化对激发学习动机、促进学习效果有显著的正面影响，但需要精心设计游戏以确保其符合教育目标，并注意避免可能产生的消极影响，以使其潜力最大化。随着技术的进步和教育理念的发展，教育游戏化有望在未来的教育实践活动中发挥更大的作用。

二、社交媒体和协作工具在教学中的应用

数字化时代的迅猛发展，促使社交媒体与协作工具逐渐渗透到人们的日常生活中，为教育领域带来了重大的影响，以革命性的变革方式推动着教学工作的深入开展，使

之在丰富性、多元性和互动性上得到进一步的强化和提升。

社交媒体在教学中的使用极大地拓宽了知识的传播渠道。通过社交媒体，教师能随时分享一些课程资料、学习资源和教学心得给学生，从而既提高了学生的学习效率，又使学生能更加自主地安排自己的学习进度。社交媒体也给学生提供了一个交流互动的平台来分享学习心得、讨论问题、相互鼓励，形成良好的学习氛围。因此，在教学中充分利用好社交媒体是一个十分有效的途径。

协作工具在教学中的作用更多的是强调团队合作与互动学习，如在线协作平台使同学们能共同编辑文档、制作演示文稿等，使团队成员之间配合得更紧密，效率也更高。另外，协作工具还能实现实时交流与反馈，使教师与学员之间的信息沟通畅通无阻，通过互动式的学习来激发学生的学习兴趣和热情，同时有利于培养学员的团队协作能力和创新思维。因此，这样的教学方式对于提升学生的学习效果和教师的教学水平都有较大的帮助。

值得指出的是，在教学中社交媒体与协作工具是互为补充、相互融合的，教师可以利用社交媒体进行知识传播与互动交流，同时利用协作工具引导学生进行团队合作与项目开发。这种综合性的运用方式，既可以提高教学效果，又可以培养学生的综合素养与竞争能力，可谓一举多得。学生可以在互动中学习，在学习中不断获得新的体验。

教师在应用社交媒体与协作工具进行教学时，也面临着若干难题与挑战：如何保证所传递的信息具有真实性和可靠性？如何避免学生因沉迷于社交媒体而影响学习效果？教师必须结合实际情况进行综合的考虑并合理调整运用这些教学工具，把问题和对策都考虑进去，并有针对性地解决。社交媒体和协作工具在教学中的应用具有多方面的优势，它们正在改变传统的教育模式，提高教学的互动性和效率。

以下是对社交媒体和协作工具在教学中应用的分析：

拓展学习空间和时间：现在的社交媒体平台可以让教学活动不受时间、地点限制地开展起来。学生在任何时间、任何地点都可以使用在线资源进行学习，这就大大拓展了学习的空间和时间。

促进学生参与和互动：利用在线讨论、小组合作等途径，社交媒体使学生有更多机会参与课堂活动，这有利于锻炼学生的互动与协作能力，使课堂活动更具学生的参与性和互动性。

丰富教学资源：在社交媒体平台上有众多的学习资源，如电子书籍、教育视频等，这些资源对教师的教学活动起到了很大的帮助作用，也给学生自主学习提供了丰富的素材。

加强师生互动：互联网的发达改变了教师和学生之间的互动方式，使远距离沟通更为即时和方便。教师可以利用互联网及时了解学生学习的进度和出现的问题，而学生也可以更方便地获得教师的辅导与反馈。因此，教师与学生之间的互动更加紧密。

降低教学成本：应用社交媒体进行教学，减少了对物理空间和一般教育资源的需求，降低了教学成本。

提升学习热情和参与度：互联网的互动性质可以促进学生的学习积极性和参与性，为学习创造更多的机会。

支持个性化学习：借助社交媒体、协作工具等，满足各类学生不同学习需求的同时，也能提高个性化学习的成效。

促进全球交流与合作：互联网打破了地理界限，使全球范围内的教育交流与合作成为可能。其中社交媒体功不可没，它通过因特网使人们对彼此的文化和社会有了更广泛的认识。

技术挑战和应对策略：在教学中应用社交媒体与协作工具，虽然带来了不少好处，但还面临这样或那样的一些技术挑战，这些挑战涉及隐私保护、网络安全、资料过载等方面。为了应对这些挑战，教育机构的相应政策与培训计划必须建立起来。这样能确保这些工具的安全与有效使用，在教学中发挥更大的作用。

因此，社交媒体和协作工具在教学中的应用为教育领域带来了革命性的颠覆。它们不仅提高了教学的效率和质量，还为学生提供了更加多元化和个性化的学习体验。随着技术的不断进步，预计这些工具将在教育中扮演越来越重要的角色。

三、云计算资源与远程实验室

远程实验室基于云计算资源，它可以使同学们在网上进行各种实验操作，进而提高实验技能和动手能力，既能节省实验室的建设和维护费用，又能避免实验过程中的安全隐患。另外，远程实验室还能实现资源的共享和优化配置，在提高教育资源的利用率上扮演了重要的角色。

云计算资源与远程实验室的应用主要表现在以下几方面。

科研数据处理：大学等教育机构可以利用云计算资源处理大量的科研数据，如浙江大学土壤学科就成功地利用 Amazon 云完成了自动化处理土壤微生物宏基因组数据。

资源共享：利用云平台，可以实现教材资料库、课件视频、讲座等教育资源的共享，使更多的人更方便地获取这些资源并加以利用。

教学环境搭建：云技术使在线教学环境的搭建变得容易起来。

大规模数据管理：教育机构所产生的大量数据可以通过云计算平台进行有效管理，提高数据的安全性和可用性，提高机构的经营效率。通过云计算平台的高效管理，机构可以对数据进行集中存储和实时分析。

创新育人方式：运用云计算资源，提高课堂教学的质量和效率，构建数智化生态教学场，开展线上线下融合的开放式学习。

个性化培养：结合云计算资源，学校可以根据专业的具体情况提供个性化的教学方案，如天津科技大学结合专业认证要求，增设分级选修课并进行分级分类教学。

　　推动教育公平：云计算资源的应用有助于缩小不同地区、不同学校之间的教育资源差距，促进教育公平。

　　动态资源配置：云计算的一个特点是能够根据需要进行资源的动态调整，并根据一定的计算模式分配资源，这对于应对教育中不断变化的需求特别有用。

　　安全性保障：云技术规模本身并不产生直接的安全效应，关键是要采取一系列措施确保云上存储和运行的数据安全，这对保护教育数据尤为重要。

　　远程实验室：远程实验室允许学生通过网络远程控制实验设备，进行实验操作和数据采集，这对于科学教育和实践操作技能的培养具有重要意义。云计算资源和远程实验室给教育带来了很多好处，既提高了教学和科研的效益，又能给学生带来更为丰富、个性化的学习体验。随着技术的日益发展，这些资源与工具将越来越广泛地被运用于教育领域。

第六节
数字技术在教学设计与实施中的作用

一、数字化教学材料的设计

　　在数字化时代，教学材料的设计和呈现方式正在发生深刻变革。但保证这些资料兼容并蓄、触手可及，以适应不同学习者的需要，则是当务之急。

　　设计兼容并蓄的数字化教学资料，就是要充分考虑具有不同学风、认知能力、兴趣爱好的学习者的多样性需求。所以教学资料要针对不同学习者的需求，有多样化的内容和形式。例如，教师可以通过运用多媒体元素，如图片、图表、视频等丰富教学内容，让学习者根据自己的喜好和习惯选择适合自己的学习方式。

　　在数字化教学材料的设计过程中，也要考虑可访问性，即教学材料对所有人都是易于获取和使用的。要达到这一目的，教学材料要遵循无障碍设计的原则，使所有人都能轻松访问和使用，比如对视觉有障碍的学习者提供语音导航或文字转语音功能；对听力有障碍的学习者，可添加字幕或提供文字描述等。

　　设计具有包容性的数字化教学材料并保证学生可访问它们。除了关注实证研究和用户反馈，还应注意收集和分析学习者的使用数据，从而对教学过程中出现的问题和困难有深入的了解，并有针对性地对教学材料进行改进设计。另外，主动收集学习者的反馈意见也具有十分关键的作用，对教学材料的质量和效果都能起到很大的提升作用。因此，在数字化教学中重视学习者反馈，是一项十分必要的工作。

很多成功的案例在实际应用中已经表现出兼容并包的特性和可接入性。比如，有的在线教育平台采用智能推荐算法，根据学习者的学习进度和兴趣爱好，为学习者推荐适合的课程，推荐适合的学习资源。这种个性化的教学材料设计，在提高学习者学习兴趣、学习热情的同时，也使学习者对所学知识的理解和掌握更加深刻。

设计具有包容性与可访问性的数字化教学材料对提高教育质量、促进教育公平具有十分重要的意义。为了使数字化教学材料具有更好的包容性和可访问性，促进学习者个性化学习体验的提高和教学资源的均等利用，可结合不同学习群体的特点与无障碍设计原理，并以实证研究和用户反馈为基础，对数字教学材料进行逐步完善与优化设计。

使数字化教学材料具有包容性与可访问性的关键是要确保所有人都能够平等地参与学习过程。对于如何使所有人都能平等地参与学习过程，建议与策略如下：

多样化的内容呈现：为了使学生获得不同的学习风格，教师需要考虑所需的教学素材的不同呈现途径与方式。以文字为主，辅以图片；运用影像与声音；语言组织简单化，避免使用过于专业或生僻的行话；在教学过程中注意与学生沟通的直观性；在教学上尽量采用互动性强的方式。

易读性与字体选择：选用易于阅读的字体及适宜的字号，确保所有人都可以轻松阅读；使用高对比度的颜色方案，确保色盲或视力受损的同学也能在阅读时感到舒适与自在。

支持屏幕阅读器：保证通过屏幕阅读器等辅助技术可以访问到数字材料，让视力受到限制的同学也可以得到资讯。

考虑键盘导航：在设计时就需要考虑到键盘导航，这样就可以让使用键盘而不是鼠标的同学们操作起来得心应手。

提供字幕和音频描述：给视频内容打上字幕，让有听力障碍的同学或者学习环境比较嘈杂的同学看得懂。增加音频说明，对视频中重要的视觉要素进行描述，让视力有障碍的同学跟得上。

交互性与反馈：为增强学习动力和效果，设计互动性强的教学材料，鼓励学生参与，并提供即时的反馈。

适应性与个性化：学校允许学生对学习材料的呈现方式和难度进行灵活调整，使之与自身需求和进度相适应。

测试与评估：定期对使用者进行调查测试，并与残障学生及教工合作以获取反馈信息，改进材料设计。

遵循 WCAG 指南：在 Web 内容上遵循国际标准 WCAG，以确保网络内容对所有用户都是可访问的。WCAG 是一套国际标准化的指导方针和测评标准。

培训与支持：重点提供教师与学生的培训，使他们能够认识并利用这些具有包容性和可访问性的功能，同时也要为他们提供全方位的支持，使他们在遇到问题时能够得到及时的解决。

采用上述办法，可设计出能兼顾包容性和易用性的数字化教学材料，使背景或能力水平各异的学生都有机会参与到学习中来。这是促进教育公平的一项重要举措。

二、教学内容的数字化适配与优化

教育领域对教学内容的数字化适配和优化是发展的必然趋势，这是技术飞速发展推动教学模式不断创新的结果。由于数字化适配和优化能够使学生得到更多、更丰富、更便捷的学习资源，进而提高教学效果和学习效率，所以这一趋势是随着时代的发展而不断加强的。

将传统的教学内容转化为数字化形式，以适合现代学生学习的需要，这是教学内容数字化适配的主要内容；将纸质教材转化为电子教材，将上课讲解转化为视频、音频等多媒体形式；让学生随时随地访问学习资源。

另外，数字化内容还能根据学生的学习进度和兴趣进行个性化推荐，以满足不同学生学习的需要。因此，数字化适配能使学生得到更有效的自主学习，达到个性化学习的目的。数字化适配的推行，不仅为学生的学习带来了便利，而且为教育教学的开展带来了新的可能。

然而，只适配数字化教学内容是不够的，还应对已数字化的内容进行优化，以增强学习效果。优化涉及内容结构与交互设计两个方面。内容结构优化主要是在数字化的内容上做到条理清晰，便于学生对知识点的理解和记忆。如采用图表、动画等形式进行讲解，提高学生的学习热情和参与程度。交互设计优化则可以增强学生的学习兴趣和学习主动性。如通过设计有趣的互动练习激发学习兴趣，从而让学生在轻松愉悦的氛围中掌握知识。通过上述方式，既能保证学生在学习过程中的高效性，又能让学生在学习中感受到乐趣。

进行数字化适配与优化后，在收集学生学习资料的基础上，教师能及时了解学生的学习状况与进步情况，并不断地对授课内容和策略做出相应的调整；同时，学生还能结合自评与他评等方式来认识自身的长处与不足，从而有进一步改善自身学习方法的打算。因此，数字化适配与优化是教师与学生共同进行的一项重要工作，既要以数据为基础进行数字化适配与优化，又要以学生自评与他评为抓手进行有目的的学习效果提升。

将教学内容转化为数字化形式，并对此加以适配和优化是教育领域发展的一个重要方向；这可以让学生得到更多的丰富而便捷的学习资源，提高教学效果和学习效率。但是这一过程需要教育工作者和技术人员的通力合作并不断地摸索和实践，从而完成教育的数字化转型和升级，提高学生的学习成果。

技术更新迭代之快，让教育工作者必须不断更新知识以便跟上时代潮流，而且数字化内容的制作和维护需要耗费大量的人力、物力资源，因此保证资源的高效利用和不断更新也是一个不小的挑战。必须重视平衡数字化内容与传统教学方式的关系，以求教学效果的稳步提高。这是教育领域不得不深入思考的问题。

应对数字化教学带来的这些挑战，需要采取一系列的措施。首先，应对广大师生进行教育培训，使他们对数字化教学有深入的认识和运用能力。其次，把已有的技术运用到教学实践当中，结合已有的教学内容和形式进行不断的创新和改进。再次，建立有效的资源管理和更新机制，对数字化内容进行经常性的更新和完善。最后，加强对学生学习效果的跟踪和测评，根据反馈信息对教学策略进行相应的调整和改进，以使教学效果得到最大限度的提高。

将教学内容以数字化形式进行适配，并对之进行优化是教育技术领域的一项重要工作；这就保证了教学内容在不同的数字环境中得到有效的呈现和使用。下面给出一些关于数字化适配与优化的建议：

内容分析：对现有教学材料内容进行详细分析，确定哪些部分适合数字化处理；然后进行必要的修改和强化。

确定目标受众：在编写任何相关内容之前，请一定要搞清楚自己的目标受众是谁，并在此基础上了解该群体的技术能力如何、学习风格是什么、如何才能更好地为他们进行内容定制。

选择合适的工具与平台：根据教学目的和学生群体的不同情况，选择最合适的数字化工具与平台、在线学习管理系统、移动应用或其他相关软件，以实现最佳的效果。

多媒体集成：以适应不同学习风格和场景的多种媒介形式（如文字、图像、音频、视频等）呈现资讯。

互动性增强：通过增加互动性元素（如小考、模拟、游戏化等），提高学生的参与度和学习动机。

考虑可访问性：保证所有的学生都能访问、使用这些数字化的资料，包括有特殊需求的学生。这可能涉及遵守国际标准，如 WCAG。

采用移动优先的设计：考虑到学生可能会在不同的器材上使用素材，需要保证在所有器材上都能很好地展示内容。

设计个性化路径：设计合理的学习路线和反馈机制，使学生的学习过程能够根据自身的学习进度和能力进行自我调整，使学习效果得到最大程度的提高。

数据驱动的优化：借助学习分析和其他资料工具跟踪学生的学习行为和成绩，并以此为依据持续优化授课内容，提高教学质量。

持续更新与维护：对教学内容进行经常性的检查和更新维护，确保其准确关联，得到技术上的支持，使学生的学习和知识获取过程能够得到有效的保证。

教师培训与支持：重点突出对教师提供必要的训练与支持，使他们掌握数字化工具，并能在课堂教学中有效地运用它们。

反馈循环：建立一套完善的反馈机制，使学生和教师能够主动反馈问题并提出改进意见，从而使教学内容得到不断的完善和提高。

通过以上步骤，数字化地适配和优化教学内容，在提高教学效率和教学质量的同时，更有效地满足现代学习者的需求。这一领域将随着技术的不断发展而不断演进，所以成功实施时保持灵活和开放是必不可少的。

三、技术的作用，促进学生的参与度和互动性

在当今教育领域，日益广泛的技术应用为学生的学习体验带来了革命性的变化，尤其是在提高学生的参与度和互动性方面，技术起到了不容忽视的作用，这一点尤为值得一提。下面将通过实例、引用、统计等方式，对技术如何影响学生的参与度和互动性进行深入探讨，并对其效果进行具体说明。

以前学生在课堂上只能被动地接受知识，而打破这一局限的是数字化技术。如今，在线学习平台、虚拟实验室等工具可以让学生在任何时间、任何地点进行独立的学习。这些平台提供在线讨论、小组合作等丰富的学习资源和互动功能，使学生在学习过程中能够更加主动地参与进来，提高学习效果。

技术也使学生有更多可以展现自身才华的机会，如运用计算机辅助工具制作演示文稿或动画视频等作品来展示所学成果及创意。这既有利于增强学生的自信心及表达能力，又能增强学生对学习的兴趣及热情。另外，技术也大大方便了学生间的沟通与互动。通过各网络社群平台与老师及同侪分享交流学习心得及体会，既有利于增进彼此间的认识与友谊，又能促使学生在学习中互相促进与成长。因此，技术对于学生来说既是一个增强学习效果、促进自身发展的利器，又是一种增进学生之间相互了解与合作的良好途径。

很多实证研究都表明，技术在提高学生的参与度和互动性方面具有正面的作用。比如，研究发现，学生在使用在线学习平台的时候表现出更高的参与度和互动性，如参与在线讨论、交流提问、回答问题等，与其他同学有更积极的合作和互动，而这促进了学生学习效果和成绩的提高。

在线教育模式使教育变得更为公平和普及，使学生不论身处何地都能够获得优质的教育资源和学习机会。这有利于缩小地域间的教育差距，使更多的人享受到高质量的教育资源。

下面给大家提几点建议，怎么样利用技术来提升学生的参与度和互动性。

创造个性化学习体验：大数据与人工智能技术结合，能为每个学员制订个性化的

学习路线，满足学员的个人需求和兴趣爱好，进而提高学员的参与热情。

利用多媒体资源：多媒体资料的运用使学习变得生动活泼起来，增加学生的学习兴趣和参与感，这是现在教学中应用比较普遍的手段之一。例如，在讲授历史知识时，配合以图片和动画的形式进行讲解。

利用协作工具：利用网上协同平台，使学生得到实时的网上合作交流与协作的机会；提高学生的参与度和学习效果，使课堂教学活动更具有互动性和高效性。

游戏化学习：游戏元素的巧妙运用可以充分调动学生的学习兴趣和动力性增强学生的学习参与度是学习的有效途径之一；通过设置积分系统和挑战任务等游戏化的元素，激发学生的学习兴趣。

VR 与 AR：VR 技术使学生在获得身临其境的学习体验的同时增强其对复杂话题的了解和参与程度。AR 技术使教师在课堂上给学生身临其境的教育体验的同时，提高学生的理解力与参与度。

实时反馈与评估：实时反馈与评估能够为学生带来直接的帮助，使学生了解自己的学习进度与表现，从而使他们采取相应的策略进行自我调整并保持积极向上的学习参与态度。详细情况在技术的使用与教学相长中的讨论中予以论述。

移动学习：借助移动设备和移动应用程序，学生在任何时间、任何地点都能访问学习资源，进行移动学习。移动学习已成为当今教育领域的一大趋势。

社交媒体和论坛：社交媒体和论坛使同学们有参与交流与讨论的机会，激发学生的兴趣和好奇心，有利于提高学习效果。

互动式白板和演示文稿：教师可以利用互动式白板和演示文稿，把动态的内容展示给学生，提高学生在课堂上的参与度。

在线测验和投票：借助在线测验和投票工具，教师能很快了解学生对某个主题的认识程度，并能对教学策略进行相应的调整。因此，学生的学习效果能够得到有效的促进和提高。

技术进步为提高学生参与度和互动性提供了广泛的工具和方法。教师应合理地应用这些技术，确保它们真正服务于教育目标，并为学生创造有意义的学习体验。

第五章
适应数字时代的职业教育教师发展路径

第一节
教学策略与数字工具的融合

一、制订融合数字工具的教学策略

在信息化时代,数字工具已经成为人们生活和工作中不可或缺的一部分。在教育领域也不例外,数字工具的广泛应用为教学提供了更多的可能性和便利性。然而,如何更有效地将数字工具融入教学中,提高教学效果,是教育工作者需要深入研究和探讨的问题。本节将从制订融合数字工具的教学策略这一角度,对这一问题进行深入的探讨。

首先,我们需要明确什么是融合数字工具的教学策略。简单来说,融合数字工具的教学策略是指在教学过程中,教师根据教学目标和学生的实际情况,灵活运用各种数字工具,以提高教学效果的一种教学方式。这种教学方式强调的是教师与学生、教学内容与教学方法、教学环境与教学工具之间的互动和融合。教师需要提高自己的数字素养,以适应数字化社会对教师的要求,这包括理解和使用数字技术,以及将这些技术融入教学过程中。

而制订融合数字工具的教学策略,首先需要明确教学目标。教学目标是教学活动的方向和目的,是教师进行教学设计和实施的基础。在制订融合数字工具的教学策略时,教师需要根据教学目标,选择合适的数字工具,以支持和促进学生的学习。教师需要了解和掌握各种数字工具的特性和功能。不同的数字工具有不同的特性和功能,适用于不同的教学场景和教学目标。实践教学是职业教育的核心环节,教师应充分利用数字技术,开展线上线下相结合的实践教学,提高学生的动手能力和实际操作技能。同时,教师还需关注学生的职业发展规划,为学生提供实习、实训等实践机会,帮助学生在实践中成长。教师要掌握各种数字工具的使用方法,以便在教学中灵活运用。每个学生的学习能力、学习风格和学习兴趣都不同,教师还需要根据学生的实际情况,设计适合学生的融合数字工具的教学活动,以激发学生的学习兴趣,提高学生的学习效果。在数字时代,职业教育教师需要更新教育教学理念,从传统的"教师为中心"转向"学生为中心",关注学生的个性化和差异化需求。在数字时代,职业教育教师需创新教育评价体系,关注学生的综合素质和能力发展。教师可以运用大数据、人工智能等技术,开展过程性评价和个性化评价,为学生的职业发展提供有益指导。教师应充分利用数字技术,开展线上、线下相结合的混合式教学,激发学生的学习兴趣和主动性。同时,教师还需注重培养学生的创新精神和实践能力,以适应未来职业发展的需求。

此外,教师还需要关注和评估融合数字工具的教学效果。教学效果是评价教学活动的重要指标,也是教师调整教学策略的重要依据。教师需要通过观察、测试和反馈等方式,了解和评估融合数字工具的教学效果,以便及时调整教学策略,提高教学效果。

总的来说,制订融合数字工具的教学策略,需要教师具备明确的教学目标、丰富的数字工具知识和技能、灵活的教学设计能力和敏锐的教学观察力。只有这样,教师才能有效地将数字工具融入教学中,提高教学效果。在实际操作中,教师可以采取以下几种策略:

1. 整合策略

数字时代,职业教育教师应具备跨学科的知识结构和综合运用能力。教师需关注相关行业的发展动态,了解不同学科领域的知识体系,并将这些知识融入职业教育教学。此外,教师需加强与同事、行业专家的交流与合作,共享教育资源,提高教学质量。教师还可以将各种数字工具整合到教学中,形成一个统一的教学平台。例如,教师可以使用在线学习平台,将课程内容、学习资源、学习活动等整合在一起,为学生提供一个集成的学习环境。

2. 辅助策略

教师可以将数字工具作为教学的辅助工具,帮助学生更好地理解和掌握教学内容。例如,教师可以使用多媒体工具,展示教学内容的动态过程,帮助学生形象地理解教学内容。

3. 互动策略

教师可以利用数字工具,促进教师与学生、学生与学生之间的互动。例如,教师可以使用在线讨论区，组织学生进行在线讨论，提高学生的参与度和学习效果。

4. 个性化策略

教师可以根据学生的实际情况，提供个性化的学习资源和学习活动。例如，教师可以使用智能学习系统，根据学生的学习情况，提供个性化的学习建议和学习资源。

5. 反馈策略

教师可以利用数字工具，及时获取学生的学习反馈，调整教学策略。例如，教师可以使用在线测试系统，定期对学生进行测试，了解学生的学习情况，及时调整教学策略。

6. 明确教学目标

在制订融合数字工具的教学策略时，首先要明确教学目标，确保数字工具的应用能够为实现教学目标服务。

7. 选择合适的数字工具

根据教学目标和教学内容，选择适合的数字工具。同时，考虑学生的年龄、兴趣和特长，确保所选数字工具能够激发学生的学习兴趣。

8. 创设情境

利用数字工具创设生动、有趣的教学情境，引导学生积极参与学习。

9. 优化教学过程

将数字工具融入教学过程的各个环节，如课堂讲解、讨论、作业布置与批改等，提高教学效果。

10. 开展混合式教学

结合线上和线下教学，充分利用数字工具的优势，实现教学模式的多样化。

11. 加强师生互动

利用数字工具加强师生之间的互动，提高教学的针对性和有效性。

12. 培养学生自主学习能力

借助数字工具，培养学生自主学习的习惯和能力，实现终身学习。

13. 评估与反馈

定期对融合数字工具的教学策略进行评估和反馈，及时调整教学方案，确保教学效果的持续优化。

制订融合数字工具的教学策略，需要教师具备创新的思维方式和灵活的教学技巧。只有这样，教师才能有效地将数字工具融入教学中，提高教学效果。

然而，我们也要看到，融合数字工具的教学策略并不是一蹴而就的，它需要教师不断学习和实践，不断探索和尝试。同时，我们也要看到，融合数字工具的教学策略并不是万能的，它并不能解决所有的教学问题。因此，教师在使用融合数字工具的教学策略时，也需要结合其他教学策略，如直接教学策略、合作学习策略等，以实现教学的多元化和个性化。

在未来的教育中，随着科技的发展和社会的进步，数字工具将会越来越多地融入教学中。数字工具可以提供丰富的教学资源，包括文本、图片、音频、视频等，使教学内容更加生动、形象；数字工具可以实现教学资源的快速检索、整理和共享，提高教师的教学效率；数字工具具有互动性、趣味性等特点，可以激发学生的学习兴趣，提高学生的学习积极性；数字工具可以根据学生的学习需求、兴趣和特长，提供个性化的教学方案，实现因材施教；数字工具可以提供创新性的教学手段，如编程、3D打印等，培养学生的创新能力；数字工具更新换代速度较快，教师需要不断学习新技能以适应教育技术的发展；数字工具提供的大量信息可能导致学生注意力分散，教师需要引导学生正确筛选和利用信息；不同地区、不同家庭背景的学生在接触和使用数字工具方面存在差异，可能导致教育不公平；教师需要掌握一定的数字工具应用能力，但目前教师培训体系尚不完善。因此，教师需要不断提高自己的数字化素养，掌握更多的数字工具，以适应教育的发展和变化。同时，教育部门也需要提供更多的培训和支持，帮助教师提高数字化教学的能力。

制订融合数字工具的教学策略是提高教学效果、适应教育发展的重要途径。我们期待在未来的教育中，看到更多的教师能够有效地将数字工具融入教学中，提高教学效果，培养出更多的优秀人才。

总结起来，制订融合数字工具的教学策略，需要教师具备明确的教学目标、丰富的数字工具知识和技能、灵活的教学设计能力和敏锐的教学观察力。同时，教师也需要不断学习和实践，不断探索和尝试，以提高自己的数字化教学能力。只有这样，教师才能有效地将数字工具融入教学中，提高教学效果。

二、教师对新教育技术的适应与接受

科技不断发展，教育领域也在不断地进行改革和创新。新教育技术的应用，对于提高教育质量、促进学生全面发展具有重要意义。教师作为教育的主体，对新教育技术的适应与接受程度直接影响到新教育技术在教育教学中的实际应用效果。因此，研究教师对新教育技术的适应与接受程度具有重要的现实意义。

首先，随着信息技术的普及和应用，教师对新教育技术的认识逐渐提高。许多教师已经认识到新教育技术在教育教学中的重要性，开始主动学习和掌握新教育技术，将其运用到教育教学实践中。同时，教师们也意识到新教育技术对教育教学的影响，开始关注新教育技术在教育教学中的应用效果，以及如何更好地利用新教育技术提高教育教学质量。

其次，随着新教育技术的不断发展和推广，教师对新教育技术的接受程度也在不断提高。许多教师已经开始尝试将新教育技术运用到教育教学中，如使用多媒体教学、网络教学、移动学习等。这些新教育技术的应用，使教育教学更加生动、形象，有助于激发学生的学习兴趣，提高学生的学习效果。

虽然教师对新教育技术的认识和接受程度在不断提高，但是教师对新教育技术的适应能力还有待提高。许多教师在使用新教育技术时，仍然存在一些问题，如操作不熟练、应用不灵活、教学设计不合理等。这些问题在一定程度上影响了新教育技术在教育教学中的实际应用效果。其影响教师对新教育技术的适应与接受。教师自身的因素是影响教师对新教育技术适应与接受的重要因素。教师的知识结构、技能水平和教育教学观念对新教育技术的适应与接受具有重要影响。教师的年龄、性别、学历等个体差异，以及教师的工作态度、学习意愿和自我效能感等心理因素都会影响教师对新教育技术的适应与接受。

学校也是影响教师对新教育技术适应与接受的重要因素，如学校的硬件设施和软件资源，学校的教育教学理念、管理制度和培训机制，学校的文化氛围和同伴支持等。

社会对教师适应与接受新教育技术也很重要如社会对新教育技术的需求和期望，社会对教师的评价和激励机制，社会对教育的投入和支持等政策因素。

我们要想提高教师对新教育技术的适应与接受程度，首先就要加强教师的新教育技术培训。学校应该制订科学合理的培训计划，组织教师参加新教育技术培训，提高教师的新教育技术知识和技能水平。同时，培训内容应该紧密结合教育教学实际，注重培训的针对性和实效性。此外，培训形式应该多样化，既有集中培训，也有分散培训；既有理论培训，也有实践培训。

然后需要优化学校的硬件设施和软件资源，为教师提供良好的新教育技术应用环境。首先，学校应该加大投入，更新和完善教育教学设备，确保教师能够顺利地使用新教育技术进行教育教学。其次，学校还应该开发和引进丰富的教育教学软件资源，满足教师在教育教学中对新教育技术的需求。再次，学校还应该建立健全新教育技术支持服务体系，为教师提供及时、有效的技术支持，转变教育教学观念，提高教师的自我效能感。最后，学校还应该建立科学的评价和激励机制，激发教师运用新教育技术进行教育教学的积极性和创造性。

良好的学校文化氛围和社会支持环境也有利于提高教师对新教育技术的适应与接受程度。首先，学校应该营造开放、包容、合作的文化氛围，鼓励教师之间的交流和合作，促进教师共同学习和成长。其次，学校应该加强与社会的联系和合作，争取社会的支持和帮助，为教师提供更好的条件和机会来学习和运用新教育技术。最后，社会也应该关注和支持教育事业的发展，为教师提供良好的工作和生活环境，激发教师的教育教学热情和创新精神。

随着新教育技术在教育教学中应用得越来越广泛，教师作为教育的主体，对新教育技术的适应与接受程度直接影响到新教育技术在教育教学中的实际应用效果。为了提高教师对新教育技术的适应与接受程度，需要从多方面入手，加强教师的新教育技术培训，优化学校的硬件设施和软件资源，转变教师的教育教学观念，提高教师的自我效能感，营造良好的学校文化氛围和社会支持环境，从而更好地发挥新教育技术在教育教学中的作用，促进学生全面发展，提高教育质量。

三、评估教学策略效果的方法与工具

教学策略是教师在教学过程中采取的一系列方法和手段，旨在提高学生的学习效果和教学质量。如何评估教学策略的效果一直是一个复杂而重要的问题。一般来说，可以从以下几个方面入手（图5-1）：

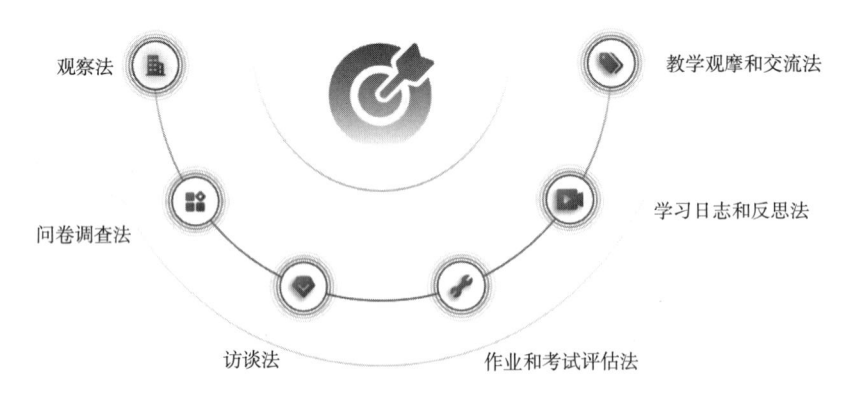

图 5-1 评估教学策略效果的方法

1. 观察法

观察法是指直接观察学生的学习过程和表现。通过观察学生的学习行为、参与度、理解程度等来评估教学策略的效果。观察法可以分为课堂观察和录像观察两种形式。

课堂观察：教师在课堂上直接观察学生的学习情况，包括学生的参与度、注意力集中程度、学习态度等。教师可以通过记录学生的表现和自己的观察感受来评估教学策略的效果。

录像观察：教师可以录制课堂教学过程，然后通过观看录像来评估教学策略的效果。录像观察可以帮助教师更加客观地观察学生的学习情况，同时也可以供教师和学生一起回顾和分析教学过程。

2. 问卷调查法

问卷调查法是一种通过设计问卷来收集学生对教学策略效果的评价和反馈的方法。教师可以根据教学目标和教学内容设计问卷，了解学生对教学策略的满意度、理解程度、学习效果等。通过问卷调查法可以快速收集大量的学生反馈信息，同时也可以保护学生的隐私。然而，问卷调查法也存在一些问题，比如学生的回答可能受到主观因素的影响，问卷的设计也需要一定的技巧和经验。

3. 访谈法

访谈法是一种通过与学生进行面对面的交流来了解他们对教学策略的评价和反馈

的方法。教师可以采用个别访谈或小组访谈的形式，通过提问和倾听来获取学生的观点和意见，从而深入了解学生的想法和感受，建立良好的师生关系。然而，访谈法也存在一些问题，比如访谈的时间和空间限制，以及访谈结果的主观性。

4. 作业和考试评估法

作业和考试评估法是一种通过评估学生的学习成果来评估教学策略效果的方法。教师可以根据教学目标和教学内容设计作业和考试，包括选择题、填空题、解答题等形式。

作业和考试评估法可以直接评估学生的学习成果，提供客观的评估标准。然而，作业和考试评估法也存在一些问题，比如只关注学生的记忆和应试能力，而忽视了学生的创造力和思维能力。

5. 学习日志和反思法

学习日志和反思法是一种通过学生自己的记录和反思来评估教学策略效果的方法。教师可以要求学生每天写学习日志，记录自己的学习过程和感受，同时也可以要求学生进行反思，思考自己的学习方式和效果。学习日志和反思帮助学生主动参与评估过程，培养学生的自我反思和学习能力。然而，学习日志和反思法也存在一些问题，比如学生的自我评价可能受到主观因素的影响，同时也需要教师的指导和支持。

6. 教学观摩和交流法

教学观摩和交流法是一种通过观摩其他教师的教学和与其他教师交流来评估教学策略效果的方法。教师可以选择观摩其他教师的课堂教学，或者参加教学研讨会和培训班，与其他教师交流教学经验和观点。学习和借鉴其他教师的课堂教学，可以拓宽教师的教学视野。然而，教学观摩和交流也存在一些问题，比如观摩和交流的时间及资源受限制，以及观摩和交流结果存在主观性。

评估教学策略效果是一个复杂而重要的问题，需要教师综合运用多种方法和工具。以上6种方法都是常用的评估方法，教师可以根据具体的教学目标和教学内容选择合适的方法。同时，教师也需要不断改进自己的评估方法，提高评估的准确性和有效性，以促进学生的学习和发展。

第二节
职业教育教师培训与发展模式

一、现代教师培训需求的变化

随着时代的发展，职业教育教师培训的需求也在不断变化。现代教师培训需求的变化主要体现在以下几个方面：

1. 知识更新速度加快

在信息化时代，知识更新的速度越来越快，各行各业都在不断地进行技术创新和知识更新。职业教育教师也需要不断学习新的知识和技能，以适应社会的发展需求。现代教师培训需求的一个重要方面就是提高教师的知识更新能力。

2. 教育教学理念的变革

随着教育改革的深入，教育教学理念也在不断地发生变革。从传统的"以教师为中心"的教学模式，转变为"以学生为中心"的教学模式，强调学生的主体地位和自主学习能力的培养。这就要求职业教育教师具备新的教育教学理念，能够运用现代教育技术手段进行教学设计和实施。因此，现代教师培训需求的一个重要方面就是提高教师的教育教学理念和能力。

3. 培训教育技术的运用能力

随着信息技术的发展，教育技术在教育教学中的应用越来越广泛。现代职业教育教师需要掌握各种教育技术手段，如多媒体教学、网络教学、虚拟实验等，以提高教学效果。因此，现代教师培训需求的一个重要方面就是提高教师的教育技术运用能力。

4. 重视职业素养的培养

职业教育教师不仅要具备扎实的专业知识和教育教学能力，还要具备良好的职业素养。职业素养包括职业道德、职业技能、职业心理等。现代职业教育教师培训需求的一个重要方面就是提高教师的职业素养。

5. 提升团队协作的能力

团队协作十分重要，职业教育教师培训工作需要各个部门、各个层次的教师共同参与，形成合力。因此，现代教师培训需求的一个重要方面就是提高教师的团队协作能力。

随着教育改革的深入，教师培训模式也在不断地创新，很多职业院校也在探索新的培训模式，以满足不同类型、不同层次教师的培训需求。

综上所述，现代职业教育教师培训需求的变化主要体现在知识更新速度加快、教育教学理念的变革、教育技术的运用能力、职业素养的培养、团队协作能力的提升和培训模式的创新等方面。为了满足这些变化的需求，职业教育教师培训工作应该采取以下措施：

1. 加强教师知识更新能力的培养

通过组织各类培训班、讲座、研讨会等，使教师及时了解和掌握新的知识和技能。同时，鼓励教师参加各类学术活动，提高教师的学术水平。

2. 提高教师的教育教学理念和能力

通过开展教育教学改革研究，引导教师转变教育教学观念，提高教育教学能力。同时，加强对教师教育教学方法的培训，使教师能够运用现代教育技术手段进行教学设计和实施。

3. 提高教师的教育技术运用能力

通过开展教育技术培训，使教师掌握各种教育技术手段，提高教育技术运用能力。同时，鼓励教师进行教育技术研究和创新，提高教育教学质量。

4. 提高教师的职业素养

通过开展职业道德、职业技能、职业心理等方面的培训，提高教师的职业素养。同时，加强对教师职业发展的指导，帮助教师实现职业生涯规划。

5. 提高教师的团队协作能力

通过加强教师之间的交流与合作，提高教师的团队协作能力。同时，加强对教师团队建设的支持，形成良好的团队氛围。

6. 创新培训模式

根据不同类型、不同层次教师的培训需求，探索新的培训模式，增强培训效果。同时，加强对培训工作的评估和反馈，不断完善培训体系。

除培训模式外，职业教育教师培训的内容和方式等也在不断地创新：

1. 培训内容的创新

根据职业教育的特点和发展趋势，对培训内容进行创新。一方面，要加强对职业教育理论的研究，使培训内容更加贴近职业教育的实际；另一方面，要注重培养教师的实践能力，使培训内容更加具有针对性和实用性。

2. 培训方式的创新

根据现代教育技术的发展和职业教育教师的需求，对培训方式进行创新。一方面，要充分利用现代教育技术手段，如网络教学、远程教育等，拓宽培训渠道；另一方面，要注重实践性培训，如实习、实训、项目研究等。创新的培训方式不仅增强了培训效果，也使培训评价体系越来越完善。

3. 教育观念的转变

传统的教育观念认为，教师的职责是传授知识，学生的任务是接收和掌握知识。然而，在当今社会，这种观念已经无法满足人们对教育的需求。现代教育强调学生的主体地位，倡导自主学习、合作学习和探究学习。这就要求教师必须转变教育观念，从知识的传递者转变为学习的引导者、促进者和合作者。因此，现代教师培训目标之一就是帮助教师树立正确的教育观念，使其能够适应现代教育的发展。

4. 教育技术的更新

近年来，信息技术、互联网和人工智能等新技术在教育领域的应用日益广泛，为教育改革和发展提供了强大的技术支持。现代教师培训的需求之一就是帮助教师掌握和运用这些新技术，提高教育教学质量。例如，利用多媒体技术制作生动形象的课件，可以提高学生的学习兴趣；利用互联网开展在线教学和远程辅导，可以打破时间和地域的限制，实现优质教育资源的共享。

5. 教师素养的提升

教师素养是教师教育教学能力的基础，包括专业知识、教育理论、教育技能和职业道德等方面。随着社会对教育质量的要求不断提高，教师素养的提升成为现代教师培训的重要内容。现代教师培训不仅要关注教师的专业发展，还要关注教师的心理健康和职业道德，帮助教师建立正确的教育价值观和职业信念。

6. 教育评价的改革

传统的教育评价往往侧重于学生的学业成绩，忽视学生的全面发展。而现代教育评价强调评价的多元性、过程性和发展性，旨在促进学生的全面发展和个性发展。因此，现代教师培训的需求之一就是帮助教师掌握现代教育评价的理念和方法，使其能够对学生的学业成绩和综合素质进行全面、客观、公正的评价。

7. 教师专业发展的需求

教师专业发展是教师职业生涯的重要组成部分。随着教育改革的不断深入，教师专业发展的需求也越来越高。现代教师培训不仅要关注教师的在职培训，还要关注教师的职业规划和职业发展，帮助教师不断提升自己的专业水平和教育教学能力。

8. 教育公平的需求

教育公平是社会公平的重要组成部分。然而，由于地域、经济、文化和资源等方面的差异，我国教育公平问题仍然比较突出。现代教师培训的需求之一就是帮助教师树立教育公平的意识，关注弱势群体和农村地区教育的发展，促进教育公平的实现。

总之，现代教师培训需求的变化主要体现在教育观念的转变、教育技术的更新、教师素养的提升、教育评价的改革、教师专业发展的需求和教育公平的需求等方面。面对这些变化，我国教师培训工作必须不断创新和完善，以适应现代教育的发展。

在此基础上，为了确保职业教育教师培训的质量，需要建立完善的培训评价体系。现代教师培训需求的一个重要方面就是完善培训评价体系，以增强培训效果。

具体来说，需要通过以下方法完善培训评价体系。

建立多元化的评价指标体系：根据职业教育的特点和教师培训的目标，建立多元化的评价指标体系。既要关注教师的知识更新能力和教育教学能力，也要关注教师的职业素养和团队协作能力。

采用多种评价方法：根据评价指标体系的要求，采用多种评价方法进行评价。既要有定性评价，也要有定量评价；既要有过程评价，也要有结果评价；既要有自我评价，也要有他人评价。

建立有效的激励机制：根据评价结果，建立有效的激励机制，对表现优秀的教师给予奖励和支持；对表现不佳的教师进行指导和帮助，促使其不断提高自身素质和能力。

现代教师培训需求的变化要求我们不断创新培训模式、内容和方式，完善培训评价体系，以提高培训质量，满足职业教育发展的需求。只有这样，才能培养出更多具备高素质、高技能的人才，为社会的发展作出更大的贡献。

二、采用混合学习和翻转课堂的培训模式

需求的变化同时也推动了教育模式的改变，适合现在的教育发展可采用混合学习和翻转课堂的培训模式。

混合学习和翻转课堂的培训模式是一种新兴的教育模式，它结合了线上和线下的学习活动，以提高学习效果和学习者的参与度。这种培训模式可以帮助职业教育教师更好地掌握新的教育技术，提高教学效果。

混合学习是指将线上和线下的学习活动相结合，以提高学习效果和学习者的参与度。在混合学习中，学生可以通过在线课程、视频讲座、网络讨论等方式进行自主学习，然后在课堂上与老师和其他同学进行面对面的交流和讨论。这种学习方式可以让学生根据自己的学习进度和需求进行自主学习，同时也可以在课堂上得到老师的指导和帮助。

翻转课堂则是指将传统的课堂教学模式进行翻转，让学生在课前自主学习，课堂时间主要用于讨论和解决问题。老师在课前提供相关的学习材料和任务，让学生在课前进行自主学习，然后在课堂上组织学生进行讨论和解决问题，帮助学生巩固和应用所学知识。

采用混合学习和翻转课堂的培训模式可以帮助职业教育教师更好地掌握新的教育技术。随着信息技术的发展，越来越多的教育技术被应用于职业教育教学中。这些教育技术包括在线课程、视频讲座、网络讨论等。

为了更好地实施混合学习和翻转课堂的培训模式，就需要采取一系列措施来支持和促进这种培训模式的实施：

（1）需要为职业教育教师提供相关的培训资源和支持，这包括在线课程、视频讲座、网络讨论等学习资源，以及相应的技术支持和指导。

（2）需要建立相应的管理和评估机制来监督和管理这种培训模式的实施。这包括建立学习进度跟踪机制、评估机制等，以确保职业教育教师能够有效地完成培训任务并取得良好的培训效果。

（3）需要加强与其他教育机构和企业的合作，以提供更多的实践机会和支持。职业教育教师需要在实际工作中应用所学知识和技能，因此培训机构需要与企业合作，提供实践机会和支持。同时，不同教育机构进行合作，共享教育资源和经验，能够提高职业教育教师的培训效果。

（4）需要加强对职业教育教师的支持。职业教育教师在实施混合学习和翻转

课堂的培训模式时可能会面临一些困难和挑战，因此需要给予他们必要的支持和帮助。

混合学习和翻转课堂的培训模式需要职业教育教师具备一定的信息技术能力。如果职业教育教师缺乏信息技术能力，可能会影响他们的学习效果和教学效果。因此，在实施这种培训模式时，需要为职业教育教师提供相关的信息技术培训和支持。

职业教育教师需要在课前设计学习任务和教学活动，并在课堂上组织学生进行讨论和解决问题。这要求职业教育教师具备一定的教学设计和组织能力。如果职业教育教师缺乏教学设计和组织能力，可能会影响他们的教学效果。所以还需要为职业教育教师提供相关的教学设计和组织能力的培训和支持。

在混合学习和翻转课堂的培训模式中，职业教育教师需要进行自主学习，并在课堂上与培训老师和其他同学进行交流和讨论。这要求职业教育教师具备一定的学习能力和自我管理能力。如果职业教育教师缺乏学习能力和自我管理能力，可能会影响他们的学习效果和教学效果。因此，为职业教育教师提供相关的学习能力和自我管理能力的培训和支持也很重要。

采用混合学习和翻转课堂的培训模式可以帮助职业教育教师更好地掌握新的教育技术，提高教学效果。为了实施这种培训模式，需要采取一系列措施。这些措施还可以有效地提高职业教育教师的培训效果。然而，在实施这种培训模式时，也需要注意一些问题。

三、培训评估与反馈机制的建立

职业教育教师培训是提高职业教育质量的关键因素之一。除了改变培训模式，为了确保培训的效果，还需要建立有效的培训评估和反馈机制。这包括对培训内容、培训方法和培训效果进行全面的评估，以及对教师的培训需求和反馈进行及时的收集和分析。通过建立这样的机制，可以不断优化培训内容和方法，增强培训效果。其作用如下：

1. 提高培训质量

通过对培训内容、方法和效果的全面评估，可以发现培训中存在的问题和不足，从而对培训内容和方法进行改进，提高培训质量。

2. 满足教师需求

及时收集和分析教师的培训需求和反馈，有助于了解教师在培训过程中的需求和期望，从而调整培训内容和方法，更好地满足教师的需求。

3. 促进教师发展

通过评估教师培训效果，可以为教师提供个性化的发展建议，帮助教师不断提高自身的教育教学能力，促进教师的专业发展。

4. 增强培训效果

通过对培训效果的评估，可以了解培训的实际效果，为今后的培训工作提供有益的参考和借鉴，从而增强培训效果。

培训评估与反馈机制的建立，则需要：

1. 制订培训评估与反馈计划

在培训开始之前，应制订详细的培训评估与反馈计划，明确评估的目标、内容、方法、时间和责任人，确保评估工作的顺利进行。

2. 建立多元化的评估指标体系

培训评估应从多个维度进行，包括培训内容、培训方法、培训效果等。同时，应根据教师的不同需求和特点，建立个性化的评估指标体系。

3. 采用多种评估方法

为了全面、客观地评估培训效果，应采用多种评估方法，如问卷调查、访谈、观察、教学案例分析等，以获取丰富的评估信息。

4. 建立有效的反馈机制

及时收集和分析教师的培训需求和反馈，建立有效的反馈机制，为培训内容的调整和改进提供依据。

5. 加强评估结果的应用

将评估结果应用于培训内容的调整和改进，以及教师个人发展的指导，增强培训效果。培训评估与反馈机制的实施策略，需要加强评估团队的建设，组建专业的评估团队，包括教育专家、教师代表等，确保评估工作的专业性和权威性。然后鼓励教师积极参与培训评估与反馈工作，提出自己的意见和建议，提高教师对培训工作的认同感和满意度。同时，在培训评估与反馈过程中，加强与教师的沟通与交流，了解教师的需求和期望，为培训内容的调整和改进提供有益的参考。以及根据评估结果和教师的反馈，定期对培训评估与反馈机制进行审查和改进，确保评估工作的有效性和针对性。

培训评估与反馈机制也有着许多需要解决的问题。例如，评估结果的应用不够充分，教师参与度不高，评估方法的选择和应用不当，评估团队的建设不足等。为了应对这些挑战，应加强对评估结果的分析和应用，将评估结果用于培训内容的调整和改进，以及教师个人发展的指导。然后加强与教师的沟通与交流，了解教师的需求和期望，鼓励教师积极参与培训评估与反馈工作，以提高教师的参与度。同时，应根据教师的不同需求和特点，选择和应用合适的评估方法。并且组建专业的评估团队，包括教育专家、教师代表等，确保评估工作的专业性和权威性。

建立有效的职业教育教师培训评估与反馈机制，对于提高培训质量、满足教师需求、促进教师发展、增强培训效果具有重要意义。为了实现这一目标，应制订详细的培训评估与反馈计划，建立多元化的评估指标体系，采用多种评估方法，建立有效的反馈机制，加强评估结果的应用。同时，应加强评估团队的建设，提高教师参与度，加强沟通与交流，定期对培训评估与反馈机制进行审查和改进。通过这些措施，可以不断优化培训内容和方法，增强培训效果，促进职业教育教师培训的发展。

第三节
培训方案的创新与数字技术整合

一、课程设计中数字工具的应用

在广阔的教育天地中，创新始终是推动学习进步的不竭动力。在数字化浪潮的汹涌澎湃下，我们迎来了一个全新的时代——一个信息技术和数字工具不仅改变了我们的生活方式，也深刻影响了教育模式和方法的时代。在这一背景下，培训方案的创新与数字技术的整合成为提升教育质量、培养未来人才的关键所在。

在传统的教学模式中，教师依赖于纸质教材和黑板，学生则通过笔记和书本汲取知识。然而，随着数字技术的发展，这一切都发生了翻天覆地的变化。现代教育者开始将数字工具融入课程设计中，这些工具包括但不限于在线学习平台、互动软件、虚拟实验室、多媒体内容，以及人工智能辅助教学。

在线学习平台大规模地开放在线课程，为学生提供了随时随地学习的机会。这些平台打破了地理和时间的限制，使学习变得更加灵活和个性化。学生可以根据自己的节奏和兴趣选择课程，而教师则可以通过数据分析了解学生的学习进度和难点，从而提供更有针对性的指导。

互动软件的引入，如响应式点击器和实时反馈系统，更是极大地增强了课堂的互动性。学生可以实时参与课堂讨论，而教师也可以及时调整教学内容和策略，使教学更加生动和高效。

虚拟实验室和模拟软件让学生能够在安全的环境中进行实验和探索，这不仅降低了实际实验的成本和风险，还允许学生重复实验以巩固学习成果。这种模拟实践的方法尤其适合理科和工科领域的教育。

再说多媒体内容的使用，如视频、音频和动画，丰富了教学内容，提高了学习的趣味性和吸引力。这些内容可以帮助学生更好地理解复杂的概念，同时也激发了他们的创造力和想象力。

人工智能辅助教学则是数字技术在教育中的最新应用。通过个性化学习路径推荐、智能作业批改和学习分析，人工智能不仅提高了教学效率，还为每个学生提供了量身定制的学习体验。

然而，数字工具的应用并非没有挑战。教育者需要不断学习和适应新技术，确保它们能够有效地融入教学实践。同时，学校和教育机构也需要加大对硬件设施和软件平台的建设和维护力度，确保所有学生都能平等地享受到数字教育的好处。

二、VR 和 AR 技术在师资培训中的作用

因教育培训与数字技术的整合，VR 和 AR 技术作为新兴的信息技术，在师资培训领域也发挥着越来越重要的作用。

1. 增强培训效果

传统的师资培训方式往往局限于课堂讲解、案例分析等形式，学员很难真正地体验到教育教学过程中的各种情境。而 VR 和 AR 技术可以模拟真实的教育教学环境，让学员身临其境地进行实践操作，从而增强培训效果。例如，通过 VR 技术，教师可以模拟课堂教学场景，进行教学设计、课堂管理等方面的实践操作；通过 AR 技术，教师可以将虚拟的教学资源与实际的教学场景相结合，为学生提供更加生动、有趣的学习体验。

2. 拓展培训内容

技术可以为师资培训提供丰富的教学资源和教学内容。通过 VR 和 AR 技术，教师可以获取到世界各地的优质教育资源，了解不同国家和地区的教育理念和教学方法，从而拓宽自己的教育视野。此外，VR 和 AR 技术还可以为教师提供各种教学工具和教学辅助设备，帮助教师更好地进行教学设计和组织。

3. 个性化培训

传统的师资培训往往采用统一的培训内容和培训方式，很难满足不同教师的个性化需求。而 VR 和 AR 技术可以根据每个教师的实际情况，为其提供个性化的培训方案。借由 VR 和 AR 技术，教师可以根据自己的兴趣和需求，选择不同的培训课程和培训内容，从而实现个性化培训。

4. 提高培训效率

传统的师资培训往往需要大量的时间和精力，而且培训效果受到很多因素的影响。而 VR 和 AR 技术可以大大提高师资培训的效率。借由 VR 和 AR 技术，教师可以在较短的时间内完成大量的实践操作，从而快速提高自己的教育教学能力。此外，VR 和 AR 技术还可以为教师提供实时的反馈和指导，帮助教师及时发现和纠正自己的问题，进一步增强培训效果。

5. 促进教师间的交流与合作

传统的师资培训往往局限于同一地区或同一学校的教师，很难实现跨地区、跨学校的交流与合作。而 VR 和 AR 技术可以实现教师之间的远程交流与合作。借由 VR 和

AR 技术，教师可以随时随地与其他教师进行在线交流，分享自己的教学经验和教学资源，从而促进教师间的交流与合作。

总之，VR 和 AR 技术在师资培训中具有很大的潜力和优势。通过运用 VR 和 AR 技术，可以提高师资培训的效果，拓展培训内容，实现个性化培训，提高培训效率，促进教师间的交流与合作。随着这方面技术的不断发展和完善，相信它们将在师资培训领域发挥越来越重要的作用。

三、案例研究与实践模拟的数字化应用

在职业教育教师培训过程中，案例研究和实践模拟是两种重要的教学方法。这两种方法可以帮助教师更好地理解和掌握专业知识，提高教学能力。然而，传统的案例研究和实践模拟方法往往存在一些问题，如资源有限、互动性差等。随着数字技术的发展，我们可以通过将案例研究和实践模拟与数字技术相结合，为教师提供更加丰富和互动的学习体验。

可以使用在线学习平台来收集和分享案例研究。在线学习平台可以提供一个开放的环境，让教师方便地上传和下载案例研究。这样，教师不仅可以获取到大量的案例研究，还可以与其他教师进行交流和讨论，从而提高自己的教学能力。此外，在线学习平台允许教师跟踪自己的学习进度，了解自己的学习情况，从而更好地调整自己的学习策略。

虚拟实验室是一种基于计算机的实验环境，它可以模拟真实的实验环境，让教师可以在虚拟环境中进行实验操作。通过虚拟实验室，教师可以在没有真实设备的情况下进行实验，从而节省了实验成本，提高了实验效率。此外，虚拟实验室还具有强大的数据分析功能，可以让教师对实验结果进行深入的分析和研究。

数据分析工具更是可以帮助教师对案例研究的数据进行深入的分析和研究，从而更好地理解案例研究的内容和意义。通过数据分析，教师可以发现案例研究中的问题和不足，从而提出改进的建议。此外，数据分析工具还可以帮助教师评估自己的学习效果，了解自己的学习情况，从而更好地调整自己的学习策略。

通过将案例研究和实践模拟与数字技术相结合，可以为教师提供更加丰富的互动学习体验。这种数字化的应用不仅可以提高教师的实践能力和专业素养，还可以增强培训效果。

使用在线学习平台和虚拟实验室，教师可以在实际操作中学习和掌握专业知识，从而提高自己的实践能力。同时，通过接触大量的专业知识和信息，教师能提高自己的专业素养。

最后，数字化的应用可以增强培训效果。教师可以使用在线学习平台和虚拟实验室自主学习和实践，从而提高自己的学习兴趣和学习效果。借由数据分析工具，教师

可以对自己的学习过程、实践过程等进行深入的分析和研究，从而更好地调整策略，提高学习效果、实践水平和专业素养。

然而，数字化的应用也存在一些挑战。首先，数字化的应用需要教师具备一定的计算机技能和网络技能。对于一些年长的教师来说，这可能是一项挑战。因此，需要在培训中提供相应的计算机技能和网络技能的培训，以帮助教师适应数字化的教学方法。其次，数字化的应用还需要大量的资源投入。例如，建立和维护在线学习平台、开发和更新虚拟实验室、购买和维护数据分析工具等都需要大量的资源投入。政府需要在政策和资金上给予支持，以保证数字化应用的顺利进行。教师需要改变传统的教学观念和方法来适应数字化应用。对于一些传统的教师来说，这可能是一项挑战。因此，在培训中需要引导教师改变传统的教学观念和方法，以适应数字化的教学方法。

虽然数字化应用在职业教育教师培训中存在一些挑战，但是其优点和潜力是无法忽视的。在未来，随着数字技术的进一步发展，我们也许会看到更多的数字化应用在职业教育教师培训中发挥作用。例如，我们可以期待看到更多的 VR 和 AR 技术在实践模拟中的应用，更多的人工智能和大数据技术在案例研究和数据分析中的应用。

数字化的应用为职业教育教师培训提供了新的可能性和机会。通过将案例研究和实践模拟与数字技术相结合，可以为教师提供更加丰富和互动的学习体验，提高教师的实践能力和专业素养，增强培训效果。因此，应积极推广和应用数字化的教学方法。

第四节
持续教育技术与在线学习资源的利用

一、在线平台与自主学习资源的开发

信息时代，人们获取知识的途径和方式发生了巨大的变化。在线学习作为一种新兴的教育模式，已经成为人们自主学习的重要途径。在线平台与自主学习资源的开发，为人们提供了更加便捷、高效的学习方式，使终身学习成为可能。

首先谈谈在线平台的发展。在线平台是指通过互联网提供教育资源和服务的平台，包括在线教育网站、在线课程、在线论坛等。在线平台的发展可以分为以下几个阶段：

1. 初期阶段

初期阶段是 20 世纪 90 年代，互联网技术逐渐普及，一些教育机构开始尝试利用互

联网进行教育信息的传播和资源共享。这一时期的在线平台主要以信息发布和资源共享为主，如在线教育网站、电子图书馆等。

2. 发展阶段

进入21世纪，随着互联网技术的不断进步，在线平台开始向多元化、个性化发展。这一时期的在线平台不仅提供丰富的教育资源，还提供在线课程、在线考试、在线认证等功能，满足了人们多样化的学习需求。

3. 渐趋成熟

近年来，随着移动互联网的普及，在线平台更是逐渐成熟，开始向移动端发展，为用户提供更加便捷的学习体验。此外，人工智能、大数据等技术的应用，使在线平台能够更好地满足用户的个性化需求，提高学习效果。

自主学习资源的开发主要包括以下几个方面：

1. 课程资源开发

课程资源是自主学习的核心内容，包括课程大纲、教学计划、教学视频、课件等。课程资源的开发需要结合教育目标和用户需求，采用多媒体互动等技术手段，提高课程的吸引力和实用性。

2. 学习资料开发

学习资料是辅助用户学习的重要资源，包括教材、参考书、案例分析等。学习资料的开发需要注重内容的权威性和实用性，同时要考虑到用户的阅读习惯和认知特点，采用合适的排版和呈现方式。

3. 互动交流平台建设

互动交流是自主学习的重要环节，可以帮助用户解决学习中遇到的问题，提高学习效果。互动交流平台的建设需要提供多种交流方式，如在线讨论、问答、评论等，同时要注重用户隐私和信息安全的保护。

4. 学习评价与反馈机制

学习评价与反馈为自主学习提供重要支持，可以帮助用户了解自己的学习进度和效果，从而调整学习方法和策略。学习评价与反馈机制的建设需要结合教育目标和用户需求，采用多种评价方法和工具，提供及时有效的反馈。

为了更好地满足用户的学习需求，提高学习效果，在线平台与自主学习资源的整合与优化至关重要。具体措施如下：

1. 资源的整合

将各类教育资源进行整合，形成完整的学习体系。这需要在线平台具备强大的资源整合能力，能够将不同类型、不同领域的教育资源进行有效整合，为用户提供一站式的学习服务。

2. 拥有个性化推荐

根据用户的学习兴趣、需求和特点，为用户推荐合适的学习资源。这需要在线平台具备强大的数据分析能力，能够对用户的学习行为进行分析，实现精准推荐。

3. 鼓励用户之间的互动与合作，共同解决学习中遇到的问题

这需要在线平台提供丰富的互动功能，如在线讨论、问答、团队项目等，同时要注重用户隐私保护和信息安全。

4. 建立完善的学习评价与反馈机制

帮助用户了解自己的学习进度和效果，调整学习方法和策略。这需要在线平台提供多种评价方法和工具，如在线测试、作业批改、学习报告等，同时要提供及时有效的反馈。

二、持续教育技术的支撑

教师在适应教育变革中，需要不断地提高自己的专业素养和教育教学能力。在这个过程中，持续教育技术成为教师职业发展的重要支撑。

在线学习平台是教师接受持续教育的重要途径。在线学习平台允许教师随时随地学习相关的课程和知识，提高自己的专业素养。在线学习平台具有时间和空间的灵活性，教师可以根据自己的时间安排和需求，选择合适的课程进行学习。如今，在线学习平台可提供丰富的课程资源，涵盖多个学科和领域，能满足教师不同的学习需求。

在线学习平台可以根据教师的学习进度和兴趣，为其推荐合适的课程，实现个性化的学习路径规划。在线学习平台还提供丰富的互动功能，如在线讨论、问答、团队项目等，鼓励教师之间进行互动与合作，共同解决学习中遇到的问题。

除了在线平台，移动学习技术更是教师接受持续教育的重要手段。移动学习技术十分便捷，教师可以通过手机、平板等移动设备随时随地进行学习，不受时间和地点的限制。移动学习技术具有实时性，会实时更新课程内容和资源，使教师能够及时了解最新的教育教学理念和方法。

VR 和 AR 技术也为教师提供了全新的学习体验。通过 VR 和 AR 技术，教师可以模拟真实的教育教学场景，进行实践操作，提高自己的教育教学能力。VR 和 AR 技术可以为教师提供身临其境的学习体验，使其更加深入地理解和掌握教育教学知识和技能。

此外，大数据和人工智能技术，可以帮助教师更好地了解自己的学习需求和进度，增强学习效果。大数据技术还可以对教师的学习行为进行分析，了解其学习需求和兴趣，为其提供个性化的学习推荐。人工智能技术也可以为教师提供智能辅导服务，帮助其解决学习中遇到的问题。

大数据和人工智能技术可以为教师提供全面、客观的学习评价和及时有效的反馈，

帮助其了解自己的学习进度和效果，了解自己的不足之处，从而进行改进和提高，调整学习方法和策略。

三、网络研讨会和远程工作坊的应用

网络研讨会是一种通过网络平台进行的实时或非实时的学术交流活动，参与者可以通过音频、视频、文字等方式进行互动和讨论。

网络研讨会和远程工作坊是教育、培训和企业内部沟通的重要方式。网络研讨会和远程工作坊具有时间和空间的灵活性，可以令不同地区的人们在不同时间进行学习和交流。其广泛应用于教育、培训、科研等领域，如在线课程、学术讲座、专题研讨等，具有时间和空间的灵活性。因此，网络研讨会可以实现跨地域、跨文化的交流，拓宽参与者的视野。但网络研讨会也有着较高的设备需求，它的运行需要稳定的网络环境、高质量的音视频设备以及易于操作的网络平台。

远程工作坊是一种通过网络平台进行的实时或非实时的团队协作和技能培训活动，参与者可以通过音视频、文字、图片等方式进行交流和分享。远程工作坊一般应用于企业内部培训、项目协作、团队建设等领域。

它的优势在于：可以实现跨地域、跨时区的协作，提高团队的工作效率；可以节省交通、住宿等成本，降低企业的运营成本。

远程工作坊的开展除了要求具有与网络研讨会大致相同的技术设备外，还需要良好的团队协作和沟通。

网络研讨会和远程工作坊想要实施，首先需要明确目标和主题，制订详细的计划和时间表。其次要根据活动的需求和参与者的特点，选择合适的网络平台，如钉钉、腾讯会议等，然后确保网络环境稳定，准备好音视频设备，如麦克风、摄像头等。活动方通过邮件、短信等方式邀请参与者，提供活动的详细信息和参与方式。最好能在活动开始前，对参与者进行身份验证和设备测试，确保活动的顺利进行。活动结束后，可以对活动进行一次总结和反馈，为下一次活动提供改进意见。

网络研讨会和远程工作坊在具有优势的同时也面临着挑战。网络环境的不稳定可能导致音视频质量不佳，影响活动的进行。因此，对策是提前进行设备测试，确保网络环境稳定；同时，提供备用方案，如备用网络、备用设备等。

跨地域、跨文化的沟通可能导致信息传递不准确，影响活动的效果。为解决这个问题，必须提前进行沟通培训，提高参与者的沟通能力；同时，采用多种沟通方式，如文字、图片、语音等，确保信息的准确传递。

部分参与者可能因为各种原因无法参加活动。所以活动方需要提前进行活动宣传，提醒参与者关注活动时间；同时，提供录播服务，让未能观看直播的参与者能够在之后获得活动内容。

第五节
政策建议与改革方向

一、教育数字化推广与支持

在教育领域，数字化技术的应用越来越广泛，为提高教育质量、促进教育公平、满足个性化需求提供了新的可能性。然而，教育数字化的推广与支持仍然面临着很多挑战，需要政府、学校、企业和社会共同努力，制定相应的政策和措施，推动教育数字化的发展。

首先，要加大政策支持力度。制定教育数字化发展规划，政府部门应结合国家发展战略，制定全面、科学、可操作的教育数字化发展规划，明确发展目标、任务、路径和保障措施，确保教育数字化发展有序推进。其次，应加大对教育数字化的财政支持力度，设立专项资金，用于教育数字化基础设施建设、教育资源开发、教师培训等方面，保障教育数字化发展的资金需求。对参与教育数字化建设的企业和个人，还可以给予一定的税收优惠，鼓励他们投资研发、推广应用教育数字化技术。再次，需要制定和完善教育数字化相关的法律法规，明确各方的权责，保障教育数字化发展的法治环境。最后，要推动教育数字化基础设施建设。政府应加大对网络基础设施的投入，提高学校的宽带接入率和网络速度，确保教育数字化应用的基本条件。

二、政策制定中的现实困境

在推动职业教育教师发展的过程中，政策制定者面临着一些现实困境。这些困境包括如何平衡教育资源的分配、如何确保教育质量的提高以及如何满足不同教师的需求等。为了解决这些问题，政策制定者需要进行深入的研究和分析，制定科学、合理的政策。

首先，政策制定者面临的一个重要问题就是平衡教育资源的分配。职业教育教师的发展需要充足的教育资源支持，包括教材、教学设备、培训机会等。然而，现实中教育资源往往是有限的，政策制定者需要对有限的资源进行合理分配，确保每个教师都能得到必要的支持。这需要政策制定者对教育资源的需求进行全面的调研和评估，以便做出科学的决策。

确保教育质量的提高也是政策制定者面临的一个重要挑战。职业教育教师的发展不仅是数量的增加，更重要的是提高教师的专业素养和教学能力。政策制定者需要制定相应的培训计划和评估机制，帮助教师不断提升自身的教学水平。此外，政策制定者还需要加强对职业教育教师的监督和评估，确保他们能够按照标准要求进行教学工作，提高教育质量。

职业教育教师群体庞大且多样化，他们的需求也各不相同。有些教师可能更关注职业发展的机会和平台，有些教师可能更关注教学技能的提升，还有些教师可能更关注待遇和福利的改善。政策制定者需要充分了解不同教师的需求，制定全面的政策来满足他们的需求。这需要政策制定者与教师进行广泛的沟通和交流，听取他们的意见和建议。

为了解决这些现实困境，政策制定者需要进行深入的研究和分析。首先，需要对职业教育教师的现状进行全面了解，包括教师的数量、分布、专业背景等。其次，需要对教育资源的分配情况进行评估，确定哪些地区和学校需要更多的支持。再次，需要对教师的需求进行调查和分析，了解不同教师的关注点和需求差异。最后，需要借鉴国内外的成功经验，学习其他国家和地区在职业教育教师发展方面的经验和做法。

在制定科学、合理的政策时，政策制定者还需要注意以下几点。首先，政策应该具有可操作性和可实施性，不能仅停留在理论层面。其次，政策应该充分考虑到实际情况和可行性，不能过于理想化或空泛化。再次，政策应该注重长期性和可持续性，不能仅追求短期效果。最后，政策应该注重公平性和公正性，不能偏袒某些地区或学校，而忽视其他地区或学校的需求。

为了推动职业教育教师发展，以上的考虑就显得尤为重要。良好的政策才能为职业教育的发展提供坚实的基础。

三、与行业合作的政策创新

为了推动职业教育教师的发展，政府和教育机构需要加强与行业的合作，这包括与企业、行业协会和其他利益相关者进行合作，共同制定和实施职业教育教师发展的政策和措施。通过这种方式，可以更好地了解行业的需求和发展动态，为职业教育教师的发展提供更好的支持和服务。

职业教育的目标是培养符合行业需求的高素质技术人才，因此，了解行业的需求是制定职业教育教师发展政策的重要基础。通过与行业合作，政府和教育机构可以与企业、行业协会等利益相关者进行深入的沟通和交流，了解他们对职业教育教师的需求和期望。这有助于政府和教育机构根据行业需求调整教育内容和教学方法，提高职业教育教师的专业素养和教学能力。

职业教育的特点是强调实践能力的培养，而行业为职业教育教师实践能力提升提供了重要的机会。通过与行业合作，政府和教育机构可以为职业教育教师提供更多的实践机会，让他们能够亲身参与实际工作，积累实践经验。行业专家和企业人员也可以作为职业教育教师的指导者和合作伙伴，帮助他们解决实践中遇到的问题，提高实践能力。

职业教育"双师型"教师不仅需要具备扎实的专业知识和教学能力，还需要不断更新自己的知识和技能，适应行业的发展变化。通过与行业合作，政府和教育机构可以为职业教育教师提供更多的培训和学习机会，帮助他们不断提升自己的职业素养和专业水平。同时，行业专家和企业人员也可以为职业教育教师提供职业规划和发展指导，帮助他们在职业道路上取得更好的发展。

为了实现与行业合作的政策创新，政府和教育机构可以采取以下措施：

建立与行业的长期合作关系：政府和教育机构应与行业建立稳定的合作关系，共同制定和实施职业教育教师发展的政策和措施。可以通过签订合作协议、设立合作机构等方式来加强双方的合作。

加强信息交流和共享：政府和教育机构应与行业保持密切的信息交流，及时了解行业的需求和发展动态。可以通过举办座谈会、研讨会等形式，邀请行业专家和企业人员参与讨论，共同研究职业教育教师发展的政策和措施。随着全球化的推进，职业教育教师应具备国际视野，加强国际交流与合作。教师可以参加国际教育项目、访问学者计划等，了解不同国家的教育理念和教学方法。此外，教师还需要关注国际行业标准，提高学生的国际竞争力。

提供实践机会和培训资源：政府和教育机构应为职业教育教师提供丰富的实践机会，让他们能够亲身参与实际工作，积累实践经验。同时，政府和教育机构还应提供相关的培训资源，帮助职业教育教师不断提升自己的职业素养和专业水平。

建立职业发展支持体系：政府和教育机构应建立完善的职业发展支持体系，为职业教育教师提供职业规划和发展指导。可以通过设立职业发展咨询中心、开展职业发展培训等方式，帮助职业教育教师在职业道路上取得更好的发展。

持续专业发展：在数字时代，职业教育教师需具备持续发展专业的意识。教师应参加各类培训、研讨会、学术会议等，了解教育行业的最新动态和发展趋势。此外，教师还需要积极参与教育科研，以提高自己的教育教学水平和学术影响力。

通过加强与行业的合作，政府和教育机构可以更好地了解行业的需求和发展动态，为职业教育教师的发展提供更好的支持和服务。同时，与行业合作还可以促进职业教育教师的实践能力和职业发展，提高他们的教学质量和专业水平。因此，政府和教育机构应积极推动与行业的合作，制定相应的政策和措施，为职业教育教师的发展创造良好的环境和条件。

第六节
鼓励数字化教学的政策环境

鼓励数字化教学的政策环境如图 5-2 所示。

1 政府和机构的支持激励机制
政府和机构的支持激励机制是推动数字化教学发展的重要保障。只有充分发挥政府和机构的作用，才能为数字化教学提供有力的支持，推动数字化教学的快速发展

2 教师和学校的技术支持政策
建立教师交流平台，鼓励教师分享数字化教学的经验和成果，提高教师和学校对政策的认识和理解，确保政策的有效实施。支持教育部门举办政策培训班，对教师和学校进行政策培训，提高政策的执行力

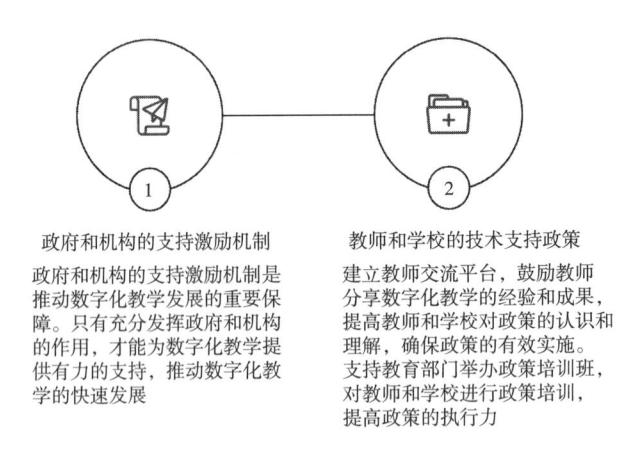

图 5-2　鼓励数字化教学的政策环境

一、政府和机构的支持激励机制

政府和相关机构制定了一系列支持和激励政策，推动数字化教学的发展，以促进教育信息化水平的提高。这就包括提供资金支持、技术支持和政策支持，以帮助教师购买和使用数字化教学设备和技术。

政府是推动数字化教学发展的重要力量。为了支持数字化教学的发展，政府需要加大财政投入，为数字化教学提供必要的资金保障。这包括对数字化教学设备的购置、维护和更新，以及对数字化教学资源的开发和利用等方面的投入。此外，政府还需要加大对教师培训的投入，提高教师的信息化教学能力。

为了给数字化教学提供政策保障，政府需要制定一系列支持数字化教学发展的政策，这些政策包括明确数字化教学的目标和任务，制定数字化教学的发展规划；鼓励和支持教育机构开展数字化教学试点工作，总结经验，推广成果；加强对数字化教学的监管，确保数字化教学的质量；对在数字化教学中取得显著成果的教师和学校给予表彰和奖励等。

此外，政府需要加强基础设施建设，为数字化教学提供硬件支持，包括加快教育信息网络的建设，提高网络覆盖率和带宽；加强教育云平台的建设，为数字化教学提供资源共享和服务支持；完善教育信息化标准体系，为数字化教学提供技术规范等。

政府还需要推动教育资源共享，为数字化教学提供丰富的资源支持，包括鼓励教

育机构开发和利用优质教育资源,提高教育资源的利用效率;建立教育资源共享平台,实现教育资源的互联互通;加强对教育资源共享的政策引导和支持,推动教育资源的共享和优化配置等。

对于教育机构,政府需要做到以下四个方面:①需要加强组织领导,为数字化教学提供组织保障,包括成立专门的数字化教学领导小组,负责数字化教学的规划、实施和监督;明确数字化教学的目标和任务,制订具体的实施方案;加强对数字化教学的组织协调,确保数字化教学的顺利推进等。②需要加强教师培训,提高教师的信息化教学能力,这包括定期组织教师参加信息化教学培训,提高教师的信息技术应用能力;鼓励教师参加信息化教学比赛和研讨活动,提高教师的信息化教学水平;加强对教师信息化教学的指导和支持,帮助教师解决信息化教学中的问题等。③需要同步推动课程改革,为数字化教学提供课程支持,包括将信息化教学理念融入课程设计,提高课程的信息化水平;鼓励教师利用数字化教学资源进行课程开发,丰富课程内容;加强对课程改革的政策引导和支持,推动课程改革的深入进行等。④需要加强评价体系建设,为数字化教学提供评价支持,包括建立数字化教学的评价指标体系,对数字化教学进行全面、客观、公正的评价;加强对数字化教学的评价结果的应用,为数字化教学的改进和发展提供依据;加强对数字化教学评价的研究,不断提高评价的科学性和有效性等。

总之,政府和机构的支持激励机制是推动数字化教学发展的重要保障。只有充分发挥政府和机构的作用,才能为数字化教学提供有力的支持,推动数字化教学的快速发展。

二、教师和学校的技术支持政策

为了支持职业教育教师的数字化教学,教育部门需要制定教师信息技术培训计划,确保教师能够掌握基本的信息技术知识和技能,为数字化教学提供技术支持。提供多样化的教师信息技术培训形式,如线上培训、线下培训、集中培训等,满足不同教师的需求。政府应当建立教师信息技术培训评价体系,对教师的信息技术培训效果进行评价,为教师的职业发展提供参考。

在技术方面,学校建立技术支持团队,为教师提供技术咨询、技术培训、技术维护等服务。提供技术支持设备和软件,如计算机、投影仪、电子白板等,确保教师能够顺利开展数字化教学,并建立技术支持服务平台,为教师提供在线技术支持,解决教师在数字化教学中遇到的技术问题。

为提高教师参与度和积极性,教育部门应当提供数字化教学研究与实践项目支持,鼓励教师参与数字化教学的研究与实践,提高教师的数字化教学能力。建立教师交流平台,鼓励教师分享数字化教学的经验和成果,促进教师之间的交流与合作。并设立奖励机制，对在数字化教学研究与实践中取得突出成绩的教师给予表彰和奖励，激发教师的积极性和创造性。

另外，应当加强对教师和学校技术支持政策的宣传，提高教师和学校对政策的认识和理解，确保政策的有效实施。支持教育部门举办政策培训班，对教师和学校进行政策培训，提高政策的执行力。由政府建立政策评估机制，对政策的实施效果进行评估，为政策的调整和完善提供依据。

第七节 促进技术与教育的持续融合

技术与教育的融合已经成为教育发展的必然趋势。为了实现技术与教育的持续融合，我们需要进行更多努力。

一、制定技术融入教育的长期战略

技术融入教育可以提供更加个性化、互动性强的学习体验，提高学生的创造力和解决问题的能力。然而，要实现技术融入教育的长期战略，需要从多个方面进行考虑和规划。

制定技术融入教育的长期战略首先需要明确目标和愿景。目标是希望达到的具体成果，而愿景是对未来的设想和期望。在制定目标和愿景时，需要考虑三个方面（图5-3）。

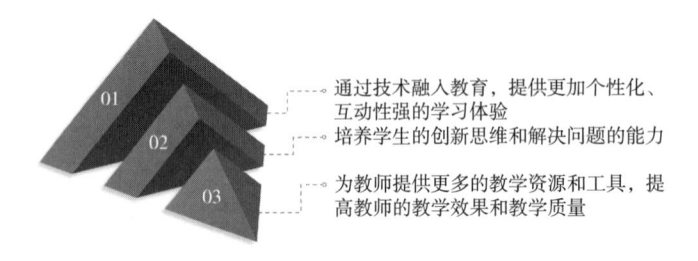

制定技术融入教育的长期战略需要制定具体的策略和措施。

01 ······ 通过技术融入教育，提供更加个性化、互动性强的学习体验
02 ······ 培养学生的创新思维和解决问题的能力
03 ······ 为教师提供更多的教学资源和工具，提高教师的教学效果和教学质量

图5-3 制定技术融入教育的长期战略

（1）要为学校提供先进的教育技术设备和软件，包括电脑、平板电脑、智能手机等，以及相应的教育软件和应用。要考虑到为教师和学生提供相关的培训，使他们能够熟练使用教育技术设备和软件，掌握相应的教学技能和学习方法。制定教育技术的标准和规范，确保教育技术的应用符合教育的要求和原则。鼓励教育机构、科研机构和企业进行教育技术的研发和应用，推动教育技术的发展和创新。

（2）将教育技术与课程相结合，设计和开发相应的教育技术课程，提高学生对教

育技术的应用能力。

（3）建立合作机制和伙伴关系。学校与教育机构合作，共同开展教育技术的研究和应用，可以共享教育资源和经验；与企业合作，共同开展教育技术的研发和应用，可以推动教育技术的发展和创新；与科研机构合作，可以推动教育技术的研究和创新；与教师合作，可以共同研究和探索教育技术的应用，同时提高教师的教学效果和教学质量。

（4）进行评估和调整。通过学生的学习成绩、学习兴趣和学习动力等指标，评估技术融入教育的效果；通过教师的教学评价、教学反馈和教学成果等指标，评估技术融入教育的效果；通过教育技术的发展和应用情况，评估技术融入教育的进展和效果。根据评估结果，可以对技术融入教育的长期战略进行调整和优化，以进一步提高教育的效果和质量。

（5）明确目标和愿景，制定具体的策略和措施；建立合作机制和伙伴关系，进行评估和调整。通过这些措施，可以实现技术融入教育的长期发展，提高学生的学习效果和学习兴趣，培养学生的创造力和解决问题的能力，提高教学效果和教学质量，推动教育技术的发展和应用。

二、建立跨部门合作的框架和策略

技术与教育的持续融合不仅可以提高教育质量，培养创新型人才，还可以推动社会经济的发展。然而，技术与教育的融合涉及多个部门，如教育部门、科技部门、产业部门等。为了实现各部门之间的有效协同，实现技术与教育的持续融合，需要建立跨部门合作的框架，以便各部门之间能够有效地协同工作。明确各部门在技术与教育融合中的职责和分工，共同推动技术与教育的融合发展。此外，还要制定相应的合作策略，包括政策支持、资金投入、人才培养等方面，以促进各部门之间的紧密合作。

跨部门合作可以实现教育资源的共享，避免资源的重复投入和浪费。通过各部门之间的合作，可以更好地整合各类教育资源，提高资源利用效率，有助于提高教育质量。各部门可以根据自身的特点和优势，共同制定教育政策和发展规划，确保教育改革的方向和目标正确。跨部门合作可以为人才培养提供更好的环境和条件，有利于培养具有创新精神和实践能力的人才。更重要的是，技术与教育的融合可以推动社会经济的发展。通过跨部门合作，可以将教育与产业发展紧密结合，为社会经济发展提供有力的人才支持。

想要建立跨部门合作，首先，需要建立跨部门协调机制，纳入政府部门、教育机构、企业和其他社会组织，并确保各部门之间的有效沟通和协同工作。然后由各部门共同制定技术与教育融合发展的统一的战略规划，明确发展目标、任务和措施。这个规划应该充分考虑各部门的需求和特点，做到互利共赢。其次，政府应该加强对技术与教育融合发展的政策支持，为各部门的合作提供有力的保障。这包括制定相关政策，提供资金支持，以及为合作项目提供优惠政策等。各部门之间也需要加强信息共享和交流，这可以通过建立信息共享平台、举办交流活动等方式来实现。通过信息共享和交流，各部门可以更好地了解各自的需求和特点，为合作提供有力的支持。最后，技术与教育的融合需要大量的创新型人才。各部门应该加强人才培养和引进，为技术与教育融合发展提供有力的人才支持。这包括加强师资队伍建设，提高教师的教育教学能力，以及引进具有创新精神和实践能力的人才等。

而产学研合作是实现技术与教育融合的重要途径。各部门应该加强产学研合作，将教育与产业发展紧密结合，为社会经济发展提供有力的人才支持。这包括加强校企合作，推动产教融合，以及鼓励企业参与教育改革等。

1. 明确跨部门合作的目标和原则

目标：跨部门合作的目标应该是明确的、具体的、可衡量的，以便于各部门为之共同努力。目标可以包括提高工作效率、降低成本、提高创新能力、提升服务质量等。

原则：跨部门合作应遵循四个原则。

（1）平等互利：各部门在合作过程中应保持平等，共享资源和成果。

（2）协同创新：鼓励各部门在合作中发挥自身优势，共同探索创新。

（3）沟通顺畅：建立有效的沟通机制，确保信息传递及时、准确。

（4）分工明确：明确各部门在合作中的职责和任务，避免职责交叉和推诿。

2. 构建跨部门合作的组织结构

跨部门合作委员会：设立跨部门合作委员会，由各部门负责人组成，负责制定合作策略、协调资源分配、监督合作进程等。

项目团队：根据具体合作项目，组建项目团队，由相关部门的成员组成，负责项目实施和推进。

专职协调员：设立专职协调员，负责日常跨部门合作的沟通、协调和监督工作。

3. 制订跨部门合作的流程和规范

合作申请：各部门提出合作申请，明确合作目标、内容、期限等。

合作评审：跨部门合作委员会对合作申请进行评审，确定合作项目。

签署合作协议：合作双方签署合作协议，明确各自的权利和义务。

项目实施：项目团队按照合作协议，开展项目实施。

监督评估：跨部门合作委员会对合作项目进行监督评估，确保合作目标的实现。

总结反馈：项目结束后，进行总结反馈，为今后跨部门合作提供经验教训。

4. 建立跨部门合作的激励机制

绩效考核：将跨部门合作成果纳入各部门绩效考核，激发合作积极性。

奖惩分明：对在跨部门合作中表现突出的个人和团队给予奖励，对合作不力的个人和团队予以惩处。

人才培养：通过跨部门合作，发现和培养具有跨部门协作能力的人才。

5. 营造跨部门合作的文化氛围

强化团队意识：培养各部门的团队意识，使全体成员认识到跨部门合作的重要性。

增强信任感：通过合作过程中的互帮互助，增强部门之间的信任感。

搭建交流平台：定期举办跨部门交流活动，促进各部门之间的了解和友谊。

倡导共享精神：鼓励各部门共享资源、经验和成果，实现共同成长。

技术与教育的融合是一个全球性的趋势，应该加强国际交流与合作，共同推动技术与教育融合发展。这包括加强国际政策交流，分享成功经验，以及开展国际合作项目等。

总之，实现技术与教育的持续融合需要建立跨部门合作的框架和策略。通过建立跨部门协调机制、制定统一的战略规划、加强政策支持、促进信息共享和交流、加强人才培养和引进、加强产学研合作以及加强国际交流与合作，可以有效地推动技术与教育的融合发展，为培养创新型人才和推动社会经济发展提供有力的支持。

三、监测和评估技术融合系统

技术与教育的融合是一个复杂的系统工程，需要对其进行持续的监测和评估，以确保技术与教育的融合能够取得实效。监测和评估的内容主要包括技术与教育融合的实施情况、效果评价、问题分析等方面。通过对技术融合系统的监测和评估，可以及时发现问题并采取相应的措施进行改进，从而推动技术与教育的持续融合。

首先，对技术与教育融合的实施情况进行监测和评估。这包括对技术与教育融合的规划、组织、实施等各个环节进行全面的监测和评估。通过对实施情况的监测和评估，可以了解技术与教育融合的具体进展情况，发现问题并及时采取措施进行改进。同时，还可以对实施过程中的经验和教训进行总结，为今后的技术与教育融合提供借鉴和参考。

其次，对技术与教育融合的效果进行评价。这包括对技术与教育融合对学生学习成果、教师教学水平、学校管理效率等方面的影响进行评价。通过对效果的评价，可以了解技术与教育融合的实际效果，判断其是否达到预期的目标。同时，还可以对不同技术与教育融合方案的效果进行比较，为今后的技术与教育融合提供科学的依据。

最后，对技术与教育融合的问题进行分析。这包括对技术与教育融合过程中出现的问题进行深入的分析，找出问题的原因和解决办法。通过对问题的分析，可以及时发现技术与教育融合中存在的问题，并采取相应的措施进行改进。同时，还可以为今后的技术与教育融合提供有益的经验和教训。

在对技术与教育融合系统进行监测和评估时，需要采用科学的方法和技术。这包括采用定量和定性相结合的方法，对技术与教育融合的实施情况、效果评价、问题分析等方面进行全面的监测和评估。同时，还需要采用先进的信息技术手段，如大数据分析、人工智能等，对技术与教育融合的数据进行深入挖掘和分析，为监测和评估提供科学的支持。

在实施技术与教育融合的过程中，需要建立完善的监测和评估机制。这包括建立专门的监测和评估机构，制定科学的监测和评估指标体系，建立有效的监测和评估流程等。通过建立完善的监测和评估机制，可以确保技术与教育融合的顺利实施，并为今后的技术与教育融合提供有益的经验和教训。

在建立完善的监测和评估机制时，还需要加强技术与教育融合的宣传和推广工作。这包括加强对技术与教育融合的宣传和推广，提高社会对技术与教育融合的认识和支持。通过加强宣传和推广工作，可以为技术与教育融合的顺利实施创造良好的社会环境。

结语

本书深度剖析了数字化时代背景下,职业教育领域内"双师型"教师如何凭借跨界思维与数字科技的整合,推动教育质量跃升与教师专业成长。本书细分为五大核心章节,全方位解析了"双师型"教师在跨界教育领域的角色定位,以及在数字生态系统中的成长轨迹。

本书集中探讨了"双师型"教师的跨界认知框架与数字时代的影响力,深刻揭示跨界职业教育的本质特性和价值,着重强调行业知识与学科教育的协同作用。通过全球范围内的实践案例,生动地展现了跨界教育理念在现实中的有效实施。本书旨在深化对"双师型"教师概念的理解,探究其在数字环境下的融合与发展。从界定"双师型"教师的跨界特性出发,追溯其发展历程,阐述科技进步如何塑造这一角色。同时,针对数字工具在教育实践中的应用挑战与教师能力提升的具体需求,提出策略性见解,旨在加强师资队伍的建设。采用国际视角,对比分析各国在职业教育数字化转型上的策略布局。借助跨国案例分析,展示了一系列成功的"数字双师"教学模式,提炼出可复制的关键要素及可持续发展的秘诀,为政策制定者与实践者提供了丰富的启示和策略指引。后半部分转向关注"双师型"教师的数字化专业成长路径,阐述数字技能与教师职业发展的内在联系,强调数字素养对于教师成长的重要性,并具体阐述了"双师型"教师在数字化技能方面面临的特殊挑战。

本书构建了一套面向未来的职业教育教师发展框架,着重于教学创新策略与数字工具的深度融合,设计了现代化教师培养模型,同时给出了针对性的政策倡议与改革导向,力促形成有利于数字化教学的外部环境,促进教育与技术的无缝对接。

本书以严谨的学术研究与丰富的实证分析为基础,不仅为"双师型"教师的培养提供了坚实的理论支撑和实践指南,还凸显了跨界智慧与数字技术在现代教育中的核心地位。通过对全球成功案例的总结与分析,本书提出了具有操作性的战略方案与政策建议,旨在赋能职业教育体系,为教育政策制定者、实践者及研究学者提供参考资料与借鉴范例。

参考文献

[1] 冯舒，于志晶．聚焦"素养"提升推动职教师资队伍专业化发展——评《职业教育师资素养标准》[J]．职业技术教育，2020，41（24）：48-51．

[2] 张建军，崔发周．黄炎培职业教育思想的本质特征与现代职教体系构建[J]．教育与职业，2022（13）：5-11．

[3] 肖利才，黄伟萍．"跨界"视域下"双师型"教师评价体系探析[J]．广州职业教育论坛，2013，12（2）：21-25．

[4] 曹晔．职业教育需面向现代化、面向世界、面向未来[J]．群言，2017（12）：12-14．

[5] 李树峰．从"双师型"教师政策的演进看职业教育教师专业发展的定位[J]．教师教育研究，2014，26（3）：17-22．

[6] 巫圣义．跨界视野下的高职会计教育研究[J]．湖北经济学院学报（人文社会科学版），2015，12（5）：184-186．

[7] 赵月，刘昱彤．教育元宇宙支持下的高校在线教育高质量发展[J]．继续教育研究，2024（3）：58-62．

[8] 张杨，孙腾飞．信息化智能化教学改革课程"信息启发式教学"方法探讨[J]．中国工业和信息化，2023（11）：46-50．

[9] 艾建宏．信息技术在高中数学课堂教学中的运用研究[J]．高考，2023（24）：3-5．

[10] 郜清攀．新科技革命背景下的人类劳动形态变迁[J]．经济学家，2022（2）：53-63．

[11] 李家豪．"互联网+"背景下高校教师信息化教学方式探索[J]．科技风，2024（9）：114-116．

[12] 李波，朱柏义．高职院校"双师型"教师队伍建设探析[J]．现代教育科学，2009（7）：50-53．

[13] 黄丽娟，段向军．高职院校"双师型"教师队伍建设存在问题及对策建议[J]．文教资料，2023（1）：195-198．

[14] 陈良勇．对职业教育人才培养质量保障体系的思考[J]．新课程研究（中旬刊），2014（1）：12-13．

[15] 李晓娟．高职院校"双师型"教师实践教学能力提升的路径依赖研究[D]．南

宁：南宁师范大学，2022.

[16] 喻爱和. 高职院校办学质量监控体系的构建与研究［J］. 长沙航空职业技术学院学报，2011，11（3）：1-4.

[17] 刘昱彤，赵月. 智能时代高校教师在线教育专业能力发展转向［J］. 继续教育研究，2024（2）：71-75.

[18] 丛晨. 中国式现代化背景下我国卓越体育教师培养模式研究［D］. 长春：东北师范大学，2024.

[19] 张文明，王运红. 中国式现代化背景下优秀传统文化主题出版发展探析［J］. 科技与出版，2023（7）：65-71.

[20] 朱秋敏，陈璟如. 基于乡村振兴的高职园林专业321"工匠型"人才培养模式构建［J］. 现代职业教育，2024（13）：45-48.

[21] 黄焰，何琼. 三类型特色学院迭代助推高职智能光电技术应用专业建设［J］. 学园，2023，16（26）：47-50.

[22] 戴璐. 职业学校"双师型"教师队伍建设的现状及困境［J］. 考试周刊，2012（10）：4-5.

[23] 本刊编辑部. 职业教育改革走深走实［J］. 中国电力教育，2023（1）：20-21.

[24] 孙守勇，李锁牢. 职业教育数字化转型的内涵、表征与实践路径［J］. 教育与职业，2023（1）：35-42.